CÓDIGO DE DEFESA DO CONSUMIDOR

DE BOLSO

ORGANIZAÇÃO: Equipe Rideel

6ª edição

CONTEÚDO On-line

EDITORA RIDEEL
Quem tem Rideel tem mais.

Expediente

Fundador	Italo Amadio (*in memoriam*)
Diretora Editorial	Katia Amadio
Equipe Técnica	Janaína Batista Mayara Sobrane
Editora Assistente	Mônica Ibiapino
Revisão	Equipe Rideel
Projeto Gráfico	Sergio A. Pereira
Diagramação	Sheila Fahl/Projeto e Imagem

Elaboração das notas remissivas:

Código de Defesa do Consumidor — Anne Joyce Angher

Dados Internacionais de Catalogação na Publicação (CIP)
Angélica Ilacqua CRB-8/7057

Brasil
[Código de Defesa do Consumidor]
Código de Defesa do Consumidor : CDC de bolso / [organização Equipe Rideel]. – 6. ed. – São Paulo: Rideel, 2023.

ISBN 978-65-5738-820-4

1. Consumidores – Leis e legislação – Brasil I. Título

23-0048 — CDD 343.81071 — CDU 34:381.6(81)

Índice para catálogo sistemático:
1. Brasil : Código de Defesa do Consumidor

Edição Atualizada até 11-1-2023

EDITORA RIDEEL

EDITORA AFILIADA

Av. Casa Verde, 455 – Casa Verde
CEP 02519-000 – São Paulo – SP
e-mail: sac@rideel.com.br
www.editorarideel.com.br

1 3 5 7 9 8 6 4 2
0 2 2 3

Apresentação

A Editora Rideel tem longa história e tradição na edição de livros de legislação, sempre com o objetivo de democratizar o acesso a conteúdo elaborado com excelência e qualidade editorial sem que o consumidor tenha de desembolsar valores exorbitantes para tal.

No final da década de 1990, apresentou aos leitores coleção de legislação não comentada que balançou o mercado editorial jurídico, pois seu formato era inovador (livros compactos vendidos juntos em uma caixa com dez volumes) e o preço, extremamente acessível. Como resultado, a coleção foi sucesso de vendas durante anos.

Agora, após mais de duas décadas, diante da rica produção legislativa do país e atendendo aos anseios dos leitores por obras que tenham formato compacto, que permitam a rápida consulta ao texto legislativo plenamente atualizado e também possuam baixo custo de aquisição, a Rideel criou a **Coleção de Bolso**.

São livros que trazem o texto da Constituição Federal, dos principais códigos e da CLT em volumes independentes. Com diagramação pensada para proporcionar leitura agradável, notas remissivas elaboradas por especialistas em cada área, diversos facilitadores de consulta, como índice sistemático e detalhado índice alfabético-remissivo, são obras fundamentais para acadêmicos e operadores do Direito.

A coleção abrange as principais áreas do direito e é composta de nove títulos: Constituição Federal, Código Civil, Código de Processo Civil, Código Penal, Código de Processo Penal, Código de Defesa do Consumidor, Código Tributário Nacional, Código de Trânsito Brasileiro e Consolidação das Leis do Trabalho.

A Rideel disponibiliza gratuitamente as atualizações ocorridas no conteúdo das obras até 31-10-2023. Para acessar, cadastre-se em **www.apprideel.com.br**.

Esperamos que esta coleção lhe seja útil! Permanecemos à disposição por meio do *e-mail* sac@rideel.com.br.

O Editor

Índice Sistemático do Código de Defesa do Consumidor

(LEI Nº 8.078, DE 11-9-1990)

TÍTULO II – DAS INFRAÇÕES PENAIS

TÍTULO III – DA DEFESA DO CONSUMIDOR EM JUÍZO

CDC

CÓDIGO DE DEFESA DO CONSUMIDOR

CÓDIGO DE DEFESA DO CONSUMIDOR

LEI Nº 8.078, DE 11 DE SETEMBRO DE 1990

Dispõe sobre a proteção do consumidor e dá outras providências.

- ▶ Publicada no *DOU* de 12-9-1990, edição extra, e retificada no *DOU* de 10-1-2007.
- ▶ Esta Lei é conhecida como Código de Defesa do Consumidor – CDC.
- ▶ Lei nº 12.291, de 20-7-2010, torna obrigatória a manutenção de exemplar deste Código nos estabelecimentos comerciais e de prestação de serviços.
- ▶ Lei nº 12.529, de 30-11-2011 (Lei do Sistema Brasileiro de Defesa da Concorrência).
- ▶ Lei nº 12.965, de 23-4-2014 (Marco Civil da Internet).
- ▶ Dec. nº 2.181, de 20-3-1997, dispõe sobre a organização do Sistema Nacional de Defesa do Consumidor – SNDC, e estabelece normas gerais de aplicação das sanções administrativas previstas nesta Lei.
- ▶ Dec. nº 5.903, de 20-9-2006, regulamenta este Código, no que se refere às formas de afixação de preços de produtos e serviços para o consumidor.
- ▶ Dec. nº 7.962, de 15-3-2013, regulamenta esta Lei para dispor sobre a contratação no comércio eletrônico.
- ▶ Dec. nº 11.034, de 5-4-2022, regulamenta este Código, para estabelecer diretrizes e normas sobre o Serviço de Atendimento ao Consumidor.
- ▶ Port. do MJ nº 2.014, de 13-10-2008, estabelece o tempo máximo para o contato direto com o atendente e o horário de funcionamento no Serviço de Atendimento ao Consumidor – SAC.
- ▶ Súm. nº 608 do STJ.
- ▶ Súm. nº 2/2011 do CFOAB.

TÍTULO I

DOS DIREITOS DO CONSUMIDOR

CAPÍTULO I

DISPOSIÇÕES GERAIS

Art. 1º O presente Código estabelece normas de proteção e defesa do consumidor, de ordem pública e interesse social, nos termos dos artigos 5º, inciso XXXII, 170, inciso V, da Constituição Federal e artigo 48 de suas Disposições Transitórias.

- ▶ Arts. 24, VIII, 150, § 5º, e 170, V, da CF.

Art. 2º Consumidor é toda pessoa física ou jurídica que adquire ou utiliza produto ou serviço como destinatário final.

- ▶ Arts. 17 e 29 deste Código.
- ▶ Súm. nº 563 do STJ.

Parágrafo único. Equipara-se a consumidor a coletividade de pessoas, ainda que indetermináveis, que haja intervindo nas relações de consumo.

- ▶ Art. 81, parágrafo único, deste Código.
- ▶ Súm. nº 643 do STF.

Art. 3º Fornecedor é toda pessoa física ou jurídica, pública ou privada, nacional ou estrangeira, bem como os entes despersonalizados, que desenvolvem atividades de produção, montagem, criação, construção, transformação, importação, exportação, distribuição ou comercialização de produtos ou prestações de serviços.

- Art. 28 deste Código.
- Art. 3º da Lei nº 10.671, de 15-5-2003 (Estatuto de Defesa do Torcedor).
- Súm. nº 297 do STJ.

§ 1º Produto é qualquer bem, móvel ou imóvel, material ou imaterial.

§ 2º Serviço é qualquer atividade fornecida no mercado de consumo, mediante remuneração, inclusive as de natureza bancária, financeira, de crédito e securitária, salvo as decorrentes das relações de caráter trabalhista.

- Súmulas nºs 297 e 563 do STJ.

CAPÍTULO II

DA POLÍTICA NACIONAL DE RELAÇÕES DE CONSUMO

Art. 4º A Política Nacional das Relações de Consumo tem por objetivo o atendimento das necessidades dos consumidores, o respeito à sua dignidade, saúde e segurança, a proteção de seus interesses econômicos, a melhoria da sua qualidade de vida, bem como a transparência e harmonia das relações de consumo, atendidos os seguintes princípios:

- *Caput* com a redação dada pela Lei nº 9.008, de 21-3-1995.

I – reconhecimento da vulnerabilidade do consumidor no mercado de consumo;
II – ação governamental no sentido de proteger efetivamente o consumidor:

a) por iniciativa direta;
b) por incentivos à criação e desenvolvimento de associações representativas;
c) pela presença do Estado no mercado de consumo;
d) pela garantia dos produtos e serviços com padrões adequados de qualidade, segurança, durabilidade e desempenho;

III – harmonização dos interesses dos participantes das relações de consumo e compatibilização da proteção do consumidor com a necessidade de desenvolvimento econômico e tecnológico, de modo a viabilizar os princípios nos quais se funda a ordem econômica (artigo 170, da Constituição Federal), sempre com base na boa-fé e equilíbrio nas relações entre consumidores e fornecedores;
IV – educação e informação de fornecedores e consumidores, quanto aos seus direitos e deveres, com vistas à melhoria do mercado de consumo;
V – incentivo à criação pelos fornecedores de meios eficientes de controle de qualidade e segurança de produtos e serviços, assim como de mecanismos alternativos de solução de conflitos de consumo;
VI – coibição e repressão eficientes de todos os abusos praticados no mercado de consumo, inclusive a concorrência desleal e utilização indevida de inventos e criações industriais, das marcas e nomes comerciais e signos distintivos, que possam causar prejuízos aos consumidores;

- Lei nº 9.279, de 14-5-1996 (Lei da Propriedade Industrial).
- Lei nº 12.529, de 30-11-2011 (Lei do Sistema Brasileiro de Defesa da Concorrência).

VII – racionalização e melhoria dos serviços públicos;

VIII – estudo constante das modificações do mercado de consumo;

IX – fomento de ações direcionadas à educação financeira e ambiental dos consumidores;

X – prevenção e tratamento do superendividamento como forma de evitar a exclusão social do consumidor.

► Incisos IX e X acrescidos pela Lei nº 14.181, de 1º-7-2021.

Art. 5º Para a execução da Política Nacional das Relações de Consumo, contará o Poder Público com os seguintes instrumentos, entre outros:

I – manutenção de assistência jurídica, integral e gratuita para o consumidor carente;

► Art. 5º, LXXIV, da CF.

► Lei nº 1.060, de 5-2-1950 (Lei de Assistência Judiciária).

II – instituição de Promotorias de Justiça de Defesa do Consumidor, no âmbito do Ministério Público;

III – criação de delegacias de polícia especializadas no atendimento de consumidores vítimas de infrações penais de consumo;

IV – criação de Juizados Especiais de Pequenas Causas e Varas Especializadas para a solução de litígios de consumo;

► Art. 98, I, da CF.

► Lei nº 9.099, de 26-9-1995 (Lei dos Juizados Especiais).

V – concessão de estímulos à criação e desenvolvimento das Associações de Defesa do Consumidor;

VI – instituição de mecanismos de prevenção e tratamento extrajudicial e judicial do superendividamento e de proteção do consumidor pessoa natural;

VII – instituição de núcleos de conciliação e mediação de conflitos oriundos de superendividamento.

► Incisos VI e VII acrescidos pela Lei nº 14.181, de 1º-7-2021.

§§ 1º e 2º VETADOS.

CAPÍTULO III

DOS DIREITOS BÁSICOS DO CONSUMIDOR

Art. 6º São direitos básicos do consumidor:

I – a proteção da vida, saúde e segurança contra os riscos provocados por práticas no fornecimento de produtos e serviços considerados perigosos ou nocivos;

II – a educação e divulgação sobre o consumo adequado dos produtos e serviços, asseguradas a liberdade de escolha e a igualdade nas contratações;

III – a informação adequada e clara sobre os diferentes produtos e serviços, com especificação correta de quantidade, características, composição, qualidade, tributos incidentes e preço, bem como sobre os riscos que apresentem;

► Inciso III com a redação dada pela Lei nº 12.741, de 8-12-2012.

► Arts. 31 e 66 deste Código.

► Lei nº 10.962, de 11-10-2004, dispõe sobre a oferta e as formas de afixação de preços de produtos e serviços para o consumidor.
► Dec. nº 4.680, de 24-4-2003, regulamenta o direito à informação quanto aos alimentos e ingredientes alimentares destinados ao consumo humano ou animal que contenham ou sejam produzidos a partir de organismos geneticamente modificados.
► Dec. nº 5.903, de 20-9-2006, regulamenta a Lei nº 10.962, de 11-10-2004, e dispõe sobre as práticas infracionais que atentam contra o direito básico do consumidor de obter informação clara e adequada sobre produtos e serviços.
► Dec. nº 7.962, de 15-3-2013, regulamenta esta Lei para dispor sobre a contratação no comércio eletrônico.
► Dec. nº 8.264, de 5-6-2014, dispõe sobre as medidas de esclarecimento ao consumidor quanto à carga tributária incidente sobre mercadorias e serviços.

IV – a proteção contra a publicidade enganosa e abusiva, métodos comerciais coercitivos ou desleais, bem como contra práticas e cláusulas abusivas ou impostas no fornecimento de produtos e serviços;

► Arts. 37, 39 a 41, 51 a 53 e 67 deste Código.

V – a modificação das cláusulas contratuais que estabeleçam prestações desproporcionais ou sua revisão em razão de fatos supervenientes que as tornem excessivamente onerosas;

► Arts. 478 a 480 do CC.

VI – a efetiva prevenção e reparação de danos patrimoniais e morais, individuais, coletivos e difusos;

► Art. 25 deste Código.
► Súm. nº 37 do STJ.

VII – o acesso aos órgãos judiciários e administrativos, com vistas à prevenção ou reparação de danos patrimoniais e morais, individuais, coletivos ou difusos, assegurada a proteção jurídica, administrativa e técnica aos necessitados;

► Arts. 98 a 102 e 185 do CPC/2015.
► Lei nº 1.060, de 5-2-1950 (Lei da Assistência Judiciária).

VIII – a facilitação da defesa de seus direitos, inclusive com a inversão do ônus da prova, a seu favor, no processo civil, quando, a critério do juiz, for verossímil a alegação ou quando for ele hipossuficiente, segundo as regras ordinárias de experiências;

► Arts. 38 e 51, VI, deste Código.
► Art. 373, § 1º, do CPC/2015.

IX – VETADO;

X – a adequada e eficaz prestação dos serviços públicos em geral;

XI – a garantia de práticas de crédito responsável, de educação financeira e de prevenção e tratamento de situações de superendividamento, preservado o mínimo existencial, nos termos da regulamentação, por meio da revisão e da repactuação da dívida, entre outras medidas;

XII – a preservação do mínimo existencial, nos termos da regulamentação, na repactuação de dívidas e na concessão de crédito;

XIII – a informação acerca dos preços dos produtos por unidade de medida, tal como por quilo, por litro, por metro ou por outra unidade, conforme o caso.

► Incisos XI a XIII acrescidos pela Lei nº 14.181, de 1º-7-2021.

Parágrafo único. A informação de que trata o inciso III do *caput* deste artigo deve ser acessível à pessoa com deficiência, observado o disposto em regulamento.

► Parágrafo único acrescido pela Lei nº 13.146, de 6-7-2015.

Art. 7º Os direitos previstos neste Código não excluem outros decorrentes de tratados ou convenções internacionais de que o Brasil seja signatário, da legislação interna ordinária, de regulamentos expedidos pelas autoridades administrativas competentes, bem como dos que derivem dos princípios gerais do direito, analogia, costumes e equidade.

► Art. 4º do Dec.-lei nº 4.657, de 4-9-1942 (Lei de Introdução às normas do Direito Brasileiro).

Parágrafo único. Tendo mais de um autor a ofensa, todos responderão solidariamente pela reparação dos danos previstos nas normas de consumo.

► Arts. 12, 18, 19, 25, §§ 1º e 2º , 28, § 3º, e 34 deste Código.
► Arts. 275 a 285 do CC.
► Art. 113 do CPC/2015.

CAPÍTULO IV
DA QUALIDADE DE PRODUTOS E SERVIÇOS, DA PREVENÇÃO E DA REPARAÇÃO DOS DANOS

SEÇÃO I
DA PROTEÇÃO À SAÚDE E SEGURANÇA

Art. 8º Os produtos e serviços colocados no mercado de consumo não acarretarão riscos à saúde ou segurança dos consumidores, exceto os considerados normais e previsíveis em decorrência de sua natureza e fruição, obrigando-se os fornecedores, em qualquer hipótese, a dar as informações necessárias e adequadas a seu respeito.

§ 1º Em se tratando de produto industrial, ao fabricante cabe prestar as informações a que se refere este artigo, através de impressos apropriados que devam acompanhar o produto.

► Parágrafo único transformado em § 1º pela Lei nº 13.486, de 3-10-2017.

§ 2º O fornecedor deverá higienizar os equipamentos e utensílios utilizados no fornecimento de produtos ou serviços, ou colocados à disposição do consumidor, e informar, de maneira ostensiva e adequada, quando for o caso, sobre o risco de contaminação.

► § 2º acrescido pela Lei nº 13.486, de 3-10-2017.

Art. 9º O fornecedor de produtos e serviços potencialmente nocivos ou perigosos à saúde ou segurança deverá informar, de maneira ostensiva e adequada, a respeito da sua nocividade ou periculosidade, sem prejuízo da adoção de outras medidas cabíveis em cada caso concreto.

- ▶ Art. 63 deste Código.

Art. 10. O fornecedor não poderá colocar no mercado de consumo produto ou serviço que sabe ou deveria saber apresentar alto grau de nocividade ou periculosidade à saúde ou segurança.

- ▶ Art. 13, II e III, do Dec. nº 2.181, de 20-3-1997, que dispõe sobre a organização do Sistema Nacional de Defesa do Consumidor – SNDC, e estabelece normas gerais de aplicação das sanções administrativas previstas nesta Lei.

§ 1º O fornecedor de produtos e serviços que, posteriormente à sua introdução no mercado de consumo, tiver conhecimento da periculosidade que apresentem, deverá comunicar o fato imediatamente às autoridades competentes e aos consumidores, mediante anúncios publicitários.

- ▶ Art. 64 deste Código.
- ▶ Port. do MJ nº 487, de 15-3-2012, disciplina o procedimento de chamamento dos consumidores ou *recall* de produtos e serviços que, posteriormente à sua introdução no mercado de consumo, forem considerados nocivos ou perigosos.

§ 2º Os anúncios publicitários a que se refere o parágrafo anterior serão veiculados na imprensa, rádio e televisão, às expensas do fornecedor do produto ou serviço.

§ 3º Sempre que tiverem conhecimento de periculosidade de produtos ou serviços à saúde ou segurança dos consumidores, a União, os Estados, o Distrito Federal e os Municípios deverão informá-los a respeito.

Art. 11. VETADO.

SEÇÃO II
DA RESPONSABILIDADE PELO FATO DO PRODUTO E DO SERVIÇO

- ▶ Art. 14 da Lei nº 10.671, de 15-5-2003 (Estatuto de Defesa do Torcedor).

Art. 12. O fabricante, o produtor, o construtor, nacional ou estrangeiro, e o importador respondem, independentemente da existência de culpa, pela reparação dos danos causados aos consumidores por defeitos decorrentes de projeto, fabricação, construção, montagem, fórmulas, manipulação, apresentação ou acondicionamento de seus produtos, bem como por informações insuficientes ou inadequadas sobre sua utilização e riscos.

- ▶ Arts. 7º, parágrafo único, 25, 27, 34 e 51, III, deste Código.
- ▶ Art. 13, IV, do Dec. nº 2.181, de 20-3-1997, que dispõe sobre a organização do Sistema Nacional de Defesa do Consumidor – SNDC, e estabelece normas gerais de aplicação das sanções administrativas previstas nesta Lei.

§ 1º O produto é defeituoso quando não oferece a segurança que dele legitimamente se espera, levando-se em consideração as circunstâncias relevantes, entre as quais:

I – sua apresentação;
II – o uso e os riscos que razoavelmente dele se esperam;
III – a época em que foi colocado em circulação.

§ 2º O produto não é considerado defeituoso pelo fato de outro de melhor qualidade ter sido colocado no mercado.

§ 3º O fabricante, o construtor, o produtor ou importador só não será responsabilizado quando provar:

I – que não colocou o produto no mercado;

II – que, embora haja colocado o produto no mercado, o defeito inexiste;

III – a culpa exclusiva do consumidor ou de terceiro.

Art. 13. O comerciante é igualmente responsável, nos termos do artigo anterior, quando:

I – o fabricante, o construtor, o produtor ou o importador não puderem ser identificados;

II – o produto for fornecido sem identificação clara do seu fabricante, produtor, construtor ou importador;

III – não conservar adequadamente os produtos perecíveis.

Parágrafo único. Aquele que efetivar o pagamento ao prejudicado poderá exercer o direito de regresso contra os demais responsáveis, segundo sua participação na causação do evento danoso.

- ► Art. 88 deste Código.
- ► Art. 283 do CC.

Art. 14. O fornecedor de serviços responde, independentemente da existência de culpa, pela reparação dos danos causados aos consumidores por defeitos relativos à prestação dos serviços, bem como por informações insuficientes ou inadequadas sobre sua fruição e riscos.

- ► Arts. 7º, parágrafo único, 25, 27, 34 e 51, III, deste Código.
- ► Art. 13, V, do Dec. nº 2.181, de 20-3-1997, que dispõe sobre a organização do Sistema Nacional de Defesa do Consumidor – SNDC, e estabelece normas gerais de aplicação das sanções administrativas previstas nesta Lei.
- ► Súmulas nºs 130 e 387 do STJ.

§ 1º O serviço é defeituoso quando não fornece a segurança que o consumidor dele pode esperar, levando-se em consideração as circunstâncias relevantes, entre as quais:

I – o modo de seu fornecimento;

II – o resultado e os riscos que razoavelmente dele se esperam;

III – a época em que foi fornecido.

- ► Art. 63, § 1º, deste Código.

§ 2º O serviço não é considerado defeituoso pela adoção de novas técnicas.

§ 3º O fornecedor de serviços só não será responsabilizado quando provar:

I – que, tendo prestado o serviço, o defeito inexiste;

II – a culpa exclusiva do consumidor ou de terceiro.

- ► Súm. nº 479 do STJ.

§ 4º A responsabilidade pessoal dos profissionais liberais será apurada mediante a verificação de culpa.

Arts. 15 e 16. VETADOS.

Art. 17. Para os efeitos desta Seção, equiparam-se aos consumidores todas as vítimas do evento.

► Art. 2º deste Código.
► Súm. nº 479 do STJ.

SEÇÃO III

DA RESPONSABILIDADE POR VÍCIO DO PRODUTO E DO SERVIÇO

Art. 18. Os fornecedores de produtos de consumo duráveis ou não duráveis respondem solidariamente pelos vícios de qualidade ou quantidade que os tornem impróprios ou inadequados ao consumo a que se destinam ou lhes diminuam o valor, assim como por aqueles decorrentes da disparidade, com as indicações constantes do recipiente, da embalagem, rotulagem ou mensagem publicitária, respeitadas as variações decorrentes de sua natureza, podendo o consumidor exigir a substituição das partes viciadas.

► Arts. 7º, parágrafo único, 19, *caput*, 25, 26, 34 e 51, III, deste Código.
► Arts. 275 a 285 do CC.

§ 1º Não sendo o vício sanado no prazo máximo de trinta dias, pode o consumidor exigir, alternativamente e à sua escolha:

I – a substituição do produto por outro da mesma espécie, em perfeitas condições de uso;

II – a restituição imediata da quantia paga, monetariamente atualizada, sem prejuízo de eventuais perdas e danos;

III – o abatimento proporcional do preço.

► Arts. 13, XXIV, e 22, XXIII, do Dec. nº 2.181, de 20-3-1997, que dispõe sobre a organização do Sistema Nacional de Defesa do Consumidor – SNDC, e estabelece normas gerais de aplicação das sanções administrativas previstas nesta Lei.

§ 2º Poderão as partes convencionar a redução ou ampliação do prazo previsto no parágrafo anterior, não podendo ser inferior a sete nem superior a cento e oitenta dias. Nos contratos de adesão, a cláusula de prazo deverá ser convencionada em separado, por meio de manifestação expressa do consumidor.

§ 3º O consumidor poderá fazer uso imediato das alternativas do § 1º deste artigo sempre que, em razão da extensão do vício, a substituição das partes viciadas puder comprometer a qualidade ou características do produto, diminuir-lhe o valor ou se tratar de produto essencial.

§ 4º Tendo o consumidor optado pela alternativa do inciso I do § 1º deste artigo, e não sendo possível a substituição do bem, poderá haver substituição por outro de espécie, marca ou modelo diversos, mediante complementação ou restituição de eventual diferença de preço, sem prejuízo do disposto nos incisos II e III do § 1º deste artigo.

§ 5º No caso de fornecimento de produtos *in natura*, será responsável perante o consumidor o fornecedor imediato, exceto quando identificado claramente seu produtor.

§ 6º São impróprios ao uso e consumo:

I – os produtos cujos prazos de validade estejam vencidos;

II – os produtos deteriorados, alterados, adulterados, avariados, falsificados, corrompidos, fraudados, nocivos à vida ou à saúde, perigosos ou, ainda, aqueles em desacordo com as normas regulamentares de fabricação, distribuição ou apresentação;

III – os produtos que, por qualquer motivo, se revelem inadequados ao fim a que se destinam.

Art. 19. Os fornecedores respondem solidariamente pelos vícios de quantidade do produto sempre que, respeitadas as variações decorrentes de sua natureza, seu conteúdo líquido for inferior às indicações constantes do recipiente, da embalagem, rotulagem ou de mensagem publicitária, podendo o consumidor exigir, alternativamente e à sua escolha:

- ▶ Arts. 7º, parágrafo único, 25, § 1º, 26 e 58 deste Código.
- ▶ Arts. 275 a 285 do CC.

I – o abatimento proporcional do preço;

II – complementação do peso ou medida;

III – a substituição do produto por outro da mesma espécie, marca ou modelo, sem os aludidos vícios;

IV – a restituição imediata da quantia paga, monetariamente atualizada, sem prejuízo de eventuais perdas e danos.

§ 1º Aplica-se a este artigo o disposto no § 4º do artigo anterior.

§ 2º O fornecedor imediato será responsável quando fizer a pesagem ou a medição e o instrumento utilizado não estiver aferido segundo os padrões oficiais.

Art. 20. O fornecedor de serviços responde pelos vícios de qualidade que os tornem impróprios ao consumo ou lhes diminuam o valor, assim como por aqueles decorrentes da disparidade com as indicações constantes da oferta ou mensagem publicitária, podendo o consumidor exigir, alternativamente e à sua escolha:

- ▶ Arts. 7º, parágrafo único, 25, § 1º, 26 e 58 deste Código.

I – a reexecução dos serviços, sem custo adicional e quando cabível;

II – a restituição imediata da quantia paga, monetariamente atualizada, sem prejuízo de eventuais perdas e danos;

III – o abatimento proporcional do preço.

§ 1º A reexecução dos serviços poderá ser confiada a terceiros devidamente capacitados, por conta e risco do fornecedor.

§ 2º São impróprios os serviços que se mostrem inadequados para os fins que razoavelmente deles se esperam, bem como aqueles que não atendam as normas regulamentares de prestabilidade.

Art. 21. No fornecimento de serviços que tenham por objetivo a reparação de qualquer produto considerar-se-á implícita a obrigação do fornecedor de empregar componentes de reposição originais adequados e novos, ou que mantenham as especificações técnicas do fabricante, salvo, quanto a estes últimos, autorização em contrário do consumidor.

- ▸ Arts. 32 e 70 deste Código.
- ▸ Art. 13, V, do Dec. nº 2.181, de 20-3-1997, que dispõe sobre a organização do Sistema Nacional de Defesa do Consumidor – SNDC, e estabelece normas gerais de aplicação das sanções administrativas previstas nesta Lei.

Art. 22. Os órgãos públicos, por si ou suas empresas, concessionárias, permissionárias ou sob qualquer outra forma de empreendimento, são obrigados a fornecer serviços adequados, eficientes, seguros e, quanto aos essenciais, contínuos.

Parágrafo único. Nos casos de descumprimento, total ou parcial, das obrigações referidas neste artigo, serão as pessoas jurídicas compelidas a cumpri-las e a reparar os danos causados na forma prevista neste Código.

- ▸ Art. 44, § 2º, deste Código.
- ▸ Art. 20 do Dec. nº 2.181, de 20-3-1997, que dispõe sobre a organização do Sistema Nacional de Defesa do Consumidor – SNDC, e estabelece normas gerais de aplicação das sanções administrativas previstas nesta Lei.

Art. 23. A ignorância do fornecedor sobre os vícios de qualidade por inadequação dos produtos e serviços não o exime de responsabilidade.

Art. 24. A garantia legal de adequação do produto ou serviço independe de termo expresso, vedada a exoneração contratual do fornecedor.

- ▸ Arts. 50 e 74 deste Código.

Art. 25. É vedada a estipulação contratual de cláusula que impossibilite, exonere ou atenue a obrigação de indenizar prevista nesta e nas Seções anteriores.

§ 1º Havendo mais de um responsável pela causação do dano, todos responderão solidariamente pela reparação prevista nesta e nas Seções anteriores.

§ 2º Sendo o dano causado por componente ou peça incorporada ao produto ou serviço, são responsáveis solidários seu fabricante, construtor ou importador e o que realizou a incorporação.

- ▸ Art. 7º, parágrafo único, deste Código.

SEÇÃO IV

DA DECADÊNCIA E DA PRESCRIÇÃO

Art. 26. O direito de reclamar pelos vícios aparentes ou de fácil constatação caduca em:

- ▸ Arts. 310, 332, § 1º, e 487, II, do CPC/2015.

I – trinta dias, tratando-se de fornecimento de serviço e de produto não duráveis;

II – noventa dias, tratando-se de fornecimento de serviço e de produto duráveis.

- ▸ Arts. 18 a 20 deste Código.

§ 1º Inicia-se a contagem do prazo decadencial a partir da entrega efetiva do produto ou do término da execução dos serviços.

§ 2º Obstam a decadência:

I – a reclamação comprovadamente formulada pelo consumidor perante o fornecedor de produtos e serviços até a resposta negativa correspondente, que deve ser transmitida de forma inequívoca;

II – VETADO;

III – a instauração de inquérito civil, até seu encerramento.

- ► Art. 90 deste Código.
- ► Arts. 8º, § 1º, e 9º, da Lei nº 7.347, de 24-7-1985 (Lei da Ação Civil Pública).
- ► Súm. nº 477 do STJ.

§ 3º Tratando-se de vício oculto, o prazo decadencial inicia-se no momento em que ficar evidenciado o defeito.

Art. 27. Prescreve em cinco anos a pretensão à reparação pelos danos causados por fato do produto ou do serviço prevista na Seção II deste Capítulo, iniciando-se a contagem do prazo a partir do conhecimento do dano e de sua autoria.

- ► Arts. 101 e 102 deste Código.
- ► Art. 487, II, do CPC/2015.
- ► Art. 1º-C da Lei nº 9.494, de 10-9-1997, que disciplina a aplicação da tutela antecipada contra a Fazenda Pública.

Parágrafo único. VETADO.

SEÇÃO V

DA DESCONSIDERAÇÃO DA PERSONALIDADE JURÍDICA

Art. 28. O juiz poderá desconsiderar a personalidade jurídica da sociedade quando, em detrimento do consumidor, houver abuso de direito, excesso de poder, infração da lei, fato ou ato ilícito ou violação dos estatutos ou contrato social. A desconsideração também será efetivada quando houver falência, estado de insolvência, encerramento ou inatividade da pessoa jurídica provocados por má administração.

- ► Art. 50 do CC.
- ► Arts. 133 a 137 do CPC/2015
- ► Art. 34 da Lei nº 12.529, de 30-11-2011 (Lei do Sistema Brasileiro de Defesa da Concorrência).

§ 1º VETADO.

§ 2º As sociedades integrantes dos grupos societários e as sociedades controladas, são subsidiariamente responsáveis pelas obrigações decorrentes deste Código.

- ► Art. 1.098 do CC.

§ 3º As sociedades consorciadas são solidariamente responsáveis pelas obrigações decorrentes deste Código.

- ► Arts 275 a 285 do CC.

§ 4º As sociedades coligadas só responderão por culpa.

- ► Art. 1.099 do CC.

§ 5º Também poderá ser desconsiderada a pessoa jurídica sempre que sua personalidade for, de alguma forma, obstáculo ao ressarcimento de prejuízos causados aos consumidores.

CAPÍTULO V

DAS PRÁTICAS COMERCIAIS

SEÇÃO I

DAS DISPOSIÇÕES GERAIS

Art. 29. Para os fins deste Capítulo e do seguinte, equiparam-se aos consumidores todas as pessoas determináveis ou não, expostas às práticas nele previstas.

- Art. 2º deste Código.

SEÇÃO II
DA OFERTA

Art. 30. Toda informação ou publicidade, suficientemente precisa, veiculada por qualquer forma ou meio de comunicação com relação a produtos e serviços oferecidos ou apresentados, obriga o fornecedor que a fizer veicular ou dela se utilizar e integra o contrato que vier a ser celebrado.

- Art. 427 do CC.
- Art. 13, VI, do Dec. nº 2.181, de 20-3-1997, que dispõe sobre a organização do Sistema Nacional de Defesa do Consumidor – SNDC, e estabelece normas gerais de aplicação das sanções administrativas previstas nesta Lei.

Art. 31. A oferta e apresentação de produtos ou serviços devem assegurar informações corretas, claras, precisas, ostensivas e em língua portuguesa sobre suas características, qualidades, quantidade, composição, preço, garantia, prazos de validade e origem, entre outros dados, bem como sobre os riscos que apresentam à saúde e segurança dos consumidores.

- Arts. 6º, III, e 66 deste Código.
- Lei nº 10.962, de 11-10-2004, dispõe sobre a oferta e as formas de afixação de preços de produtos e serviços para o consumidor.
- Art. 13, I, do Dec. nº 2.181, de 20-3-1997, que dispõe sobre a organização do Sistema Nacional de Defesa do Consumidor – SNDC, e estabelece normas gerais de aplicação das sanções administrativas previstas nesta Lei.
- Dec. nº 5.903, de 20-9-2006, regulamenta a Lei nº 10.962, de 11-10-2004, e dispõe sobre as práticas infracionais que atentam contra o direito básico do consumidor de obter informação clara e adequada sobre produtos e serviços.

Parágrafo único. As informações de que trata este artigo, nos produtos refrigerados oferecidos ao consumidor, serão gravadas de forma indelével.

- Parágrafo único acrescido pela Lei nº 11.989, de 27-7-2009.

Art. 32. Os fabricantes e importadores deverão assegurar a oferta de componentes e peças de reposição enquanto não cessar a fabricação ou importação do produto.

- Arts. 21 e 70 deste Código.
- Art. 13, V e XXI, do Dec. nº 2.181, de 20-3-1997, que dispõe sobre a organização do Sistema Nacional de Defesa do Consumidor – SNDC, e estabelece normas gerais de aplicação das sanções administrativas previstas nesta Lei.

Parágrafo único. Cessadas a produção ou importação, a oferta deverá ser mantida por período razoável de tempo, na forma da lei.

Art. 33. Em caso de oferta ou venda por telefone ou reembolso postal, deve constar o nome do fabricante e endereço na embalagem, publicidade e em todos os impressos utilizados na transação comercial.

- Art. 49 deste Código.

► Art. 13, VII, do Dec. nº 2.181, de 20-3-1997, que dispõe sobre a organização do Sistema Nacional de Defesa do Consumidor – SNDC, e estabelece normas gerais de aplicação das sanções administrativas previstas nesta Lei.

Parágrafo único. É proibida a publicidade de bens e serviços por telefone, quando a chamada for onerosa ao consumidor que a origina.

► Parágrafo único acrescido pela Lei nº 11.800, de 29-10-2008.

Art. 34. O fornecedor do produto ou serviço é solidariamente responsável pelos atos de seus prepostos ou representantes autônomos.

► Arts. 7º, parágrafo único, e 25, § 1º, deste Código.

Art. 35. Se o fornecedor de produtos ou serviços recusar cumprimento à oferta, apresentação ou publicidade, o consumidor poderá, alternativamente e à sua livre escolha:

► Art. 497 a 500 do CPC/2015.

I – exigir o cumprimento forçado da obrigação, nos termos da oferta, apresentação ou publicidade;

► Arts. 48 e 84 deste Código.

II – aceitar outro produto ou prestação de serviço equivalente;

III – rescindir o contrato, com direito à restituição de quantia eventualmente antecipada, monetariamente atualizada, e a perdas e danos.

► Art. 13, VI, do Dec. nº 2.181, de 20-3-1997, que dispõe sobre a organização do Sistema Nacional de Defesa do Consumidor – SNDC, e estabelece normas gerais de aplicação das sanções administrativas previstas nesta Lei.

SEÇÃO III
DA PUBLICIDADE

Art. 36. A publicidade deve ser veiculada de tal forma que o consumidor, fácil e imediatamente, a identifique como tal.

Parágrafo único. O fornecedor, na publicidade de seus produtos ou serviços, manterá, em seu poder, para informação dos legítimos interessados, os dados fáticos, técnicos e científicos que dão sustentação à mensagem.

► Art. 69 deste Código.

► Art. 19, parágrafo único, do Dec. nº 2.181, de 20-3-1997, que dispõe sobre a organização do Sistema Nacional de Defesa do Consumidor – SNDC, e estabelece normas gerais de aplicação das sanções administrativas previstas nesta Lei.

Art. 37. É proibida toda publicidade enganosa ou abusiva.

► Arts. 60, 66 e 67 deste Código.

§ 1º É enganosa qualquer modalidade de informação ou comunicação de caráter publicitário, inteira ou parcialmente falsa, ou, por qualquer outro modo, mesmo por omissão, capaz de induzir em erro o consumidor a respeito da natureza, características, qualidade, quantidade, propriedades, origem, preço e quaisquer outros dados sobre produtos e serviços.

§ 2º É abusiva, dentre outras, a publicidade discriminatória de qualquer natureza, a que incite à violência, explore o medo ou a superstição, se aproveite da deficiência de julgamento e experiência da criança, desrespeite valores ambientais, ou que seja capaz de induzir o consumidor a se comportar de forma prejudicial ou perigosa à sua saúde ou segurança.

- ► Art. 39, IV, deste Código.

§ 3º Para os efeitos deste Código, a publicidade é enganosa por omissão quando deixar de informar sobre dado essencial do produto ou serviço.

- ► Art. 66 deste Código.
- ► Arts. 14 e 19 do Dec. nº 2.181, de 20-3-1997, que dispõe sobre a organização do Sistema Nacional de Defesa do Consumidor – SNDC, e estabelece normas gerais de aplicação das sanções administrativas previstas nesta Lei.

§ 4º VETADO.

Art. 38. O ônus da prova da veracidade e correção da informação ou comunicação publicitária cabe a quem as patrocina.

- ► Arts. 6º, VIII, 51, VI, e 69 deste Código.
- ► Art. 373, *caput*, I e II, § 3º, do CPC/2015.
- ► Art. 14, § 3º, do Dec. nº 2.181, de 20-3-1997, que dispõe sobre a organização do Sistema Nacional de Defesa do Consumidor – SNDC, e estabelece normas gerais de aplicação das sanções administrativas previstas nesta Lei.

SEÇÃO IV

DAS PRÁTICAS ABUSIVAS

Art. 39. É vedado ao fornecedor de produtos ou serviços, dentre outras práticas abusivas:

- ► *Caput* com a redação dada pela Lei nº 8.884, de 11-6-1994.
- ► Art. 12 do Dec. nº 2.181, de 20-3-1997, que dispõe sobre a organização do Sistema Nacional de Defesa do Consumidor – SNDC, e estabelece normas gerais de aplicação das sanções administrativas previstas nesta Lei.
- ► Port. da SDE nº 49, de 12-3-2009, considera abusiva, no âmbito dos serviços regulados pelo Poder Público Federal, recusar ou dificultar a entrega da gravação das chamadas efetuadas para o SAC, no prazo de dez dias.

I – condicionar o fornecimento de produto ou de serviço ao fornecimento de outro produto ou serviço, bem como, sem justa causa, a limites quantitativos;

- ► Súm. nº 473 do STJ.

II – recusar atendimento às demandas dos consumidores, na exata medida de suas disponibilidades de estoque, e, ainda, de conformidade com os usos e costumes;

- ► Art. 2º, I, da Lei nº 1.521, de 26-12-1951 (Lei dos Crimes Contra a Economia Popular).

III – enviar ou entregar ao consumidor, sem solicitação prévia, qualquer produto ou fornecer qualquer serviço;

- ► Súm. nº 532 do STJ.

IV – prevalecer-se da fraqueza ou ignorância do consumidor, tendo em vista sua idade, saúde, conhecimento ou condição social, para impingir-lhe seus produtos ou serviços;

V – exigir do consumidor vantagem manifestamente excessiva;

- ► Portaria da SDE nº 7, de 3-9-2003, considera abusiva, nos termos deste inciso V, para efeitos de fiscalização pelos órgãos públicos de defesa do consumidor, a interrupção da internação hospitalar em leito clínico, cirúrgico ou em centro de terapia intensiva ou similar, por motivos alheios às prescrições médicas.

VI – executar serviços sem a prévia elaboração de orçamento e autorização expressa do consumidor, ressalvadas as decorrentes de práticas anteriores entre as partes;

- Art. 40 deste Código.

VII – repassar informação depreciativa, referente a ato praticado pelo consumidor no exercício de seus direitos;

VIII – colocar, no mercado de consumo, qualquer produto ou serviço em desacordo com as normas expedidas pelos órgãos oficiais competentes ou, se normas específicas não existirem, pela Associação Brasileira de Normas Técnicas ou outra entidade credenciada pelo Conselho Nacional de Metrologia, Normalização e Qualidade Industrial — CONMETRO;

- Art. 2º, III, da Lei nº 1.521, de 26-12-1951 (Lei dos Crimes Contra a Economia Popular).

IX – recusar a venda de bens ou a prestação de serviços, diretamente a quem se disponha a adquiri-los mediante pronto pagamento, ressalvados os casos de intermediação regulados em leis especiais;

- Inciso IX com a redação dada pela Lei nº 8.884, de 11-6-1994.
- Art. 122 do CC.
- Art. 2º, I, da Lei nº 1.521, de 26-12-1951 (Lei dos Crimes Contra a Economia Popular).
- Art. 13, XXIII, do Dec. nº 2.181, de 20-3-1997, que dispõe sobre a organização do Sistema Nacional de Defesa do Consumidor – SNDC, e estabelece normas gerais de aplicação das sanções administrativas previstas nesta Lei.

X – elevar sem justa causa o preço de produtos ou serviços;

- Inciso X acrescido pela Lei nº 8.884, de 11-6-1994.

XI – aplicar fórmula ou índice de reajuste diverso do legal ou contratualmente estabelecido;

- Inciso XI acrescido pela MP nº 1.890-67, de 22-10-1999, convertida na Lei nº 9.870, de 23-11-1999, que dispõe sobre o valor total das anuidades escolares. Todavia, a referida Lei, em vez de convalidar a redação deste inciso, acrescentou o inciso XIII com a mesma redação. Como até o encerramento desta edição a falha ainda não havia sido corrigida, transcrevemos ambos os incisos.
- Art. 2º da Lei nº 10.192, de 14-2-2000, que dispõe sobre medidas complementares ao Plano Real.
- Art. 13, XXII, do Dec. nº 2.181, de 20-3-1997, que dispõe sobre a organização do Sistema Nacional de Defesa do Consumidor – SNDC, e estabelece normas gerais de aplicação das sanções administrativas previstas nesta Lei.

XII – deixar de estipular prazo para o cumprimento de sua obrigação ou deixar a fixação de seu termo inicial a seu exclusivo critério;

- Inciso XII acrescido pela Lei nº 9.008, de 21-3-1995.

XIII – aplicar fórmula ou índice de reajuste diverso do valor legal ou contratualmente estabelecido;

► Inciso XIII acrescido pela Lei nº 9.870, de 23-11-1999.

XIV – permitir o ingresso em estabelecimentos comerciais ou de serviços de um número maior de consumidores que o fixado pela autoridade administrativa como máximo.

► Inciso XIV acrescido pela Lei nº 13.425, de 30-3-2017.

Parágrafo único. Os serviços prestados e os produtos remetidos ou entregues ao consumidor, na hipótese prevista no inciso III, equiparam-se às amostras grátis, inexistindo obrigação de pagamento.

► Art. 23 do Dec. nº 2.181, de 20-3-1997, que dispõe sobre a organização do Sistema Nacional de Defesa do Consumidor – SNDC, e estabelece normas gerais de aplicação das sanções administrativas previstas nesta Lei.

Art. 40. O fornecedor de serviço será obrigado a entregar ao consumidor orçamento prévio discriminando o valor da mão de obra, dos materiais e equipamentos a serem empregados, as condições de pagamento, bem como as datas de início e término dos serviços.

► Art. 39, VI, deste Código.
► Art. 427 do CC.

§ 1º Salvo estipulação em contrário, o valor orçado terá validade pelo prazo de dez dias, contado de seu recebimento pelo consumidor.

§ 2º Uma vez aprovado pelo consumidor, o orçamento obriga os contraentes e somente pode ser alterado mediante livre negociação das partes.

§ 3º O consumidor não responde por quaisquer ônus ou acréscimos decorrentes da contratação de serviços de terceiros, não previstos no orçamento prévio.

Art. 41. No caso de fornecimento de produtos ou de serviços sujeitos ao regime de controle ou de tabelamento de preços, os fornecedores deverão respeitar os limites oficiais sob pena de, não o fazendo, responderem pela restituição da quantia recebida em excesso, monetariamente atualizada, podendo o consumidor exigir, à sua escolha, o desfazimento do negócio, sem prejuízo de outras sanções cabíveis.

► Art. 2º, VI, da Lei nº 1.521, de 26-12-1951 (Lei dos Crimes Contra a Economia Popular).
► Art. 13, VIII, do Dec. nº 2.181, de 20-3-1997, que dispõe sobre a organização do Sistema Nacional de Defesa do Consumidor – SNDC, e estabelece normas gerais de aplicação das sanções administrativas previstas nesta Lei.

SEÇÃO V
DA COBRANÇA DE DÍVIDAS

Art. 42. Na cobrança de débitos, o consumidor inadimplente não será exposto a ridículo, nem será submetido a qualquer tipo de constrangimento ou ameaça.

► Art. 71 deste Código.
► Art. 13, IX, do Dec. nº 2.181, de 20-3-1997, que dispõe sobre a organização do

Sistema Nacional de Defesa do Consumidor – SNDC, e estabelece normas gerais de aplicação das sanções administrativas previstas nesta Lei.

Parágrafo único. O consumidor cobrado em quantia indevida tem direito à repetição do indébito, por valor igual ao dobro do que pagou em excesso, acrescido de correção monetária e juros legais, salvo hipótese de engano justificável.

Art. 42-A. Em todos os documentos de cobrança de débitos apresentados ao consumidor, deverão constar o nome, o endereço e o número de inscrição no Cadastro de Pessoas Físicas – CPF ou no Cadastro Nacional de Pessoa Jurídica – CNPJ do fornecedor do produto ou serviço correspondente.

- Artigo acrescido pela Lei nº 12.039, de 1º-10-2009.

SEÇÃO VI
DOS BANCOS DE DADOS E CADASTROS DE CONSUMIDORES

- Lei nº 12.414, de 9-6-2011 (Lei do Cadastro Positivo).

Art. 43. O consumidor, sem prejuízo do disposto no artigo 86, terá acesso às informações existentes em cadastros, fichas, registros e dados pessoais e de consumo arquivados sobre ele, bem como sobre as suas respectivas fontes.

- O referido art. 86 foi vetado.
- Art. 72 deste Código.
- Art. 13, X, do Dec. nº 2.181, de 20-3-1997, que dispõe sobre a organização do Sistema Nacional de Defesa do Consumidor – SNDC, e estabelece normas gerais de aplicação das sanções administrativas previstas nesta Lei.
- Súm. nº 550 do STJ.

§ 1º Os cadastros e dados de consumidores devem ser objetivos, claros, verdadeiros e em linguagem de fácil compreensão, não podendo conter informações negativas referentes a período superior a cinco anos.

- Súm. nº 323 do STJ.

§ 2º A abertura de cadastro, ficha, registro e dados pessoais e de consumo deverá ser comunicada por escrito ao consumidor, quando não solicitada por ele.

- Art. 13, XIII, do Dec. nº 2.181, de 20-3-1997, que dispõe sobre a organização do Sistema Nacional de Defesa do Consumidor – SNDC, e estabelece normas gerais de aplicação das sanções administrativas previstas nesta Lei.
- Súmulas nºs 359, 385 e 404 do STJ.

§ 3º O consumidor, sempre que encontrar inexatidão nos seus dados e cadastros, poderá exigir sua imediata correção, devendo o arquivista, no prazo de cinco dias úteis, comunicar a alteração aos eventuais destinatários das informações incorretas.

- Art. 73 deste Código.
- Art. 13, XIV e XV, do Dec. nº 2.181, de 20-3-1997, que dispõe sobre a organização do Sistema Nacional de Defesa do Consumidor – SNDC, e estabelece normas gerais de aplicação das sanções administrativas previstas nesta Lei.
- Súm. nº 548 do STJ.

§ 4º Os bancos de dados e cadastros relativos a consumidores, os serviços de proteção ao crédito e congêneres são considerados entidades de caráter público.

§ 5º Consumada a prescrição relativa à cobrança de débitos do consumidor, não serão fornecidas, pelos respectivos Sistemas de Proteção ao Crédito, quaisquer informações que possam impedir ou dificultar novo acesso ao crédito junto aos fornecedores.

- Art. 5º, LXXII, da CF.
- Lei nº 9.507, de 12-11-1997 (Lei do *Habeas Data*).
- Súm. nº 323 do STJ.

§ 6º Todas as informações de que trata o *caput* deste artigo devem ser disponibilizadas em formatos acessíveis, inclusive para a pessoa com deficiência, mediante solicitação do consumidor.

- § 6º acrescido pela Lei nº 13.146, de 6-7-2015.

Art. 44. Os órgãos públicos de defesa do consumidor manterão cadastros atualizados de reclamações fundamentadas contra fornecedores de produtos e serviços, devendo divulgá-lo pública e anualmente. A divulgação indicará se a reclamação foi atendida ou não pelo fornecedor.

- Arts. 3º, XIII, 4º, V, e 57 a 61 do Dec. nº 2.181, de 20-3-1997, que dispõe sobre a organização do Sistema Nacional de Defesa do Consumidor – SNDC, e estabelece normas gerais de aplicação das sanções administrativas previstas nesta Lei.

§ 1º É facultado o acesso às informações lá constantes para orientação e consulta por qualquer interessado.

§ 2º Aplicam-se a este artigo, no que couber, as mesmas regras enunciadas no artigo anterior e as do parágrafo único do artigo 22 deste Código.

Art. 45. VETADO.

CAPÍTULO VI
DA PROTEÇÃO CONTRATUAL

SEÇÃO I
DISPOSIÇÕES GERAIS

Art. 46. Os contratos que regulam as relações de consumo não obrigarão os consumidores, se não lhes for dada a oportunidade de tomar conhecimento prévio de seu conteúdo, ou se os respectivos instrumentos forem redigidos de modo a dificultar a compreensão de seu sentido e alcance.

Art. 47. As cláusulas contratuais serão interpretadas de maneira mais favorável ao consumidor.

- Art. 423 do CC.
- Súm. nº 181 do STJ.

Art. 48. As declarações de vontade constantes de escritos particulares, recibos e pré-contratos relativos às relações de consumo vinculam o fornecedor, ensejando inclusive execução específica, nos termos do artigo 84 e parágrafos.

- Art. 35, I, deste Código.
- Art. 13, XVI, do Dec. nº 2.181, de 20-3-1997, que dispõe sobre a organização do Sistema Nacional de Defesa do Consumidor – SNDC, e estabelece normas gerais de aplicação das sanções administrativas previstas nesta Lei.

Art. 49. O consumidor pode desistir do contrato, no prazo de sete dias a contar de sua assinatura ou do ato de recebimento do produto ou serviço, sempre que a contratação de fornecimento de produtos e serviços ocorrer fora do estabelecimento comercial, especialmente por telefone ou a domicílio.

- ► Art. 33 deste Código.
- ► Art. 8º da Lei nº 14.010, de 10-6-2020, que estabelece a suspensão deste artigo, até 30-10-2020, na hipótese de entrega domiciliar (*delivery*) de produtos perecíveis ou de consumo imediato e de medicamentos.
- ► Art. 5º do Dec. nº 7.962, de 15-3-2013, que regulamenta esta Lei para dispor sobre a contratação no comércio eletrônico.

Parágrafo único. Se o consumidor exercitar o direito de arrependimento previsto neste artigo, os valores eventualmente pagos, a qualquer título, durante o prazo de reflexão, serão devolvidos, de imediato, monetariamente atualizados.

- ► Art. 13, XVII e XVIII, do Dec. nº 2.181, de 20-3-1997, que dispõe sobre a organização do Sistema Nacional de Defesa do Consumidor – SNDC, e estabelece normas gerais de aplicação das sanções administrativas previstas nesta Lei.

Art. 50. A garantia contratual é complementar à legal e será conferida mediante termo escrito.

- ► Arts. 24, 66 e 74 deste Código.

Parágrafo único. O termo de garantia ou equivalente deve ser padronizado e esclarecer, de maneira adequada, em que consiste a mesma garantia, bem como a forma, o prazo e o lugar em que pode ser exercitada e os ônus a cargo do consumidor, devendo ser-lhe entregue, devidamente preenchido pelo fornecedor, no ato do fornecimento, acompanhado de manual de instrução, de instalação e uso de produto em linguagem didática, com ilustrações.

- ► Art. 13, XIX, do Dec. nº 2.181, de 20-3-1997, que dispõe sobre a organização do Sistema Nacional de Defesa do Consumidor – SNDC, e estabelece normas gerais de aplicação das sanções administrativas previstas nesta Lei.

SEÇÃO II

DAS CLÁUSULAS ABUSIVAS

Art. 51. São nulas de pleno direito, entre outras, as cláusulas contratuais relativas ao fornecimento de produtos e serviços que:

- ► Art. 6º, IV, deste Código.
- ► Art. 166 do CC.
- ► MP nº 2.172-32, de 23-8-2001, estabelece a nulidade das disposições contratuais que menciona e inverte, nas hipóteses que prevê, o ônus da prova nas ações intentadas para sua declaração.
- ► Arts. 22 e 56 do Dec. nº 2.181, de 20-3-1997, que dispõe sobre a organização do Sistema Nacional de Defesa do Consumidor – SNDC, e estabelece normas gerais de aplicação das sanções administrativas previstas nesta Lei.
- ► Este elenco de cláusulas consideradas abusivas foi complementado pelas Portarias da SDE nº 4, de 13-3-1998, nº 3, de 19-3-1999, nº 3, de 15-3-2001, e nº 5, de 27-8-2002.
- ► Súm. nº 381 do STJ.

I – impossibilitem, exonerem ou atenuem a responsabilidade do fornecedor por vícios de qualquer natureza dos produtos e serviços ou impliquem renúncia ou disposição de direitos. Nas relações de consumo entre o fornecedor e o consumidor-pessoa jurídica, a indenização poderá ser limitada, em situações justificáveis;

II – subtraiam ao consumidor a opção de reembolso da quantia já paga, nos casos previstos neste Código;

- Arts. 18, § 1º, II, 19, IV, 20, II, e 49, parágrafo único, deste Código.
- Súm. nº 543 do STJ.

III – transfiram responsabilidades a terceiros;

IV – estabeleçam obrigações consideradas iníquas, abusivas, que coloquem o consumidor em desvantagem exagerada, ou sejam incompatíveis com a boa-fé ou a equidade;

- Arts. 4º, III, e 53 deste Código.
- Arts. 22, IV, e 56 do Dec. nº 2.181, de 20-3-1997, que dispõe sobre a organização do Sistema Nacional de Defesa do Consumidor – SNDC, e estabelece normas gerais de aplicação das sanções administrativas previstas nesta Lei.
- Súmulas nºs 302, 381 e 543 do STJ.

V – VETADO;

VI – estabeleçam inversão do ônus da prova em prejuízo do consumidor;

- Arts. 6º, VIII, e 38 deste Código.

VII – determinem a utilização compulsória de arbitragem;

- Lei nº 9.307, de 23-9-1996 (Lei da Arbitragem).

VIII – imponham representante para concluir ou realizar outro negócio jurídico pelo consumidor;

- Súm. nº 60 do STJ.

IX – deixem ao fornecedor a opção de concluir ou não o contrato, embora obrigando o consumidor;

- Art. 122 do CC.

X – permitam ao fornecedor, direta ou indiretamente, variação do preço de maneira unilateral;

XI – autorizem o fornecedor a cancelar o contrato unilateralmente, sem que igual direito seja conferido ao consumidor;

XII – obriguem o consumidor a ressarcir os custos de cobrança de sua obrigação, sem que igual direito lhe seja conferido contra o fornecedor;

XIII – autorizem o fornecedor a modificar unilateralmente o conteúdo ou a qualidade do contrato, após sua celebração;

XIV – infrinjam ou possibilitem a violação de normas ambientais;

XV – estejam em desacordo com o sistema de proteção ao consumidor;

XVI – possibilitem a renúncia do direito de indenização por benfeitorias necessárias;

XVII – condicionem ou limitem de qualquer forma o acesso aos órgãos do Poder Judiciário;

XVIII – estabeleçam prazos de carência em caso de impontualidade das prestações mensais ou impeçam o restabelecimento integral dos direitos do consumidor e de seus meios de pagamento a partir da purgação da mora ou do acordo com os credores;

► Incisos XVII e XVIII acrescidos pela Lei nº 14.181, de 1º-7-2021.

XIX – VETADO. Lei nº 14.181, de 1º-7-2021.

§ 1º Presume-se exagerada, entre outros casos, a vantagem que:

I – ofende os princípios fundamentais do sistema jurídico a que pertence;

II – restringe direitos ou obrigações fundamentais inerentes à natureza do contrato, de tal modo a ameaçar seu objeto ou o equilíbrio contratual;

III – se mostra excessivamente onerosa para o consumidor, considerando-se a natureza e conteúdo do contrato, o interesse das partes e outras circunstâncias peculiares ao caso.

§ 2º A nulidade de uma cláusula contratual abusiva não invalida o contrato, exceto quando de sua ausência, apesar dos esforços de integração, decorrer ônus excessivo a qualquer das partes.

► Art. 184 do CC.

§ 3º VETADO.

§ 4º É facultado a qualquer consumidor ou entidade que o represente requerer ao Ministério Público que ajuíze a competente ação para ser declarada a nulidade de cláusula contratual que contrarie o disposto neste Código ou de qualquer forma não assegure o justo equilíbrio entre direitos e obrigações das partes.

► Art. 82, I, deste Código.

► Art. 3º, VI, do Dec. nº 2.181, de 20-3-1997, que dispõe sobre a organização do Sistema Nacional de Defesa do Consumidor – SNDC, e estabelece normas gerais de aplicação das sanções administrativas previstas nesta Lei.

Art. 52. No fornecimento de produtos ou serviços que envolva outorga de crédito ou concessão de financiamento ao consumidor, o fornecedor deverá, entre outros requisitos, informá-lo prévia e adequadamente sobre:

► Art. 66 deste Código.

► Lei nº 10.962, de 11-10-2004, dispõe sobre a oferta e as formas de afixação de preços de produtos e serviços para o consumidor.

► Art. 3º do Dec. nº 5.903, de 20-9-2006, que regulamenta a Lei nº 10.962, de 11-10-2004, e dispõe sobre as práticas infracionais que atentam contra o direito básico do consumidor de obter informação clara e adequada sobre produtos e serviços.

I – preço do produto ou serviço em moeda corrente nacional;

II – montante dos juros de mora e da taxa efetiva anual de juros;

III – acréscimos legalmente previstos;

IV – número e periodicidade das prestações;

V – soma total a pagar, com e sem financiamento.

► Art. 13, XX, do Dec. nº 2.181, de 20-3-1997, que dispõe sobre a organização do Sistema Nacional de Defesa do Consumidor – SNDC, e estabelece normas gerais de aplicação das sanções administrativas previstas nesta Lei.

§ 1º As multas de mora decorrentes do inadimplemento de obrigações no seu termo não poderão ser superiores a dois por cento do valor da prestação.

- ▶ § 1º com a redação dada pela Lei nº 9.298, de 1º-8-1996.
- ▶ Art. 22, XIX, do Dec. nº 2.181, de 20-3-1997, que dispõe sobre a organização do Sistema Nacional de Defesa do Consumidor – SNDC, e estabelece normas gerais de aplicação das sanções administrativas previstas nesta Lei.
- ▶ Súm. nº 285 do STJ.

§ 2º É assegurada ao consumidor a liquidação antecipada do débito, total ou parcialmente, mediante redução proporcional dos juros e demais acréscimos.

- ▶ Art. 7º do Dec. nº 22.626, de 7-4-1933 (Lei da Usura).
- ▶ Art. 22, XX, do Dec. nº 2.181, de 20-3-1997, que dispõe sobre a organização do Sistema Nacional de Defesa do Consumidor – SNDC, e estabelece normas gerais de aplicação das sanções administrativas previstas nesta Lei.

§ 3º VETADO.

Art. 53. Nos contratos de compra e venda de móveis ou imóveis mediante pagamento em prestações, bem como nas alienações fiduciárias em garantia, consideram-se nulas de pleno direito as cláusulas que estabeleçam a perda total das prestações pagas em benefício do credor que, em razão do inadimplemento, pleitear a resolução do contrato e a retomada do produto alienado.

- ▶ Art. 51, IV, deste Código.
- ▶ Art. 22, XVII, do Dec. nº 2.181, de 20-3-1997, que dispõe sobre a organização do Sistema Nacional de Defesa do Consumidor – SNDC, e estabelece normas gerais de aplicação das sanções administrativas previstas nesta Lei.
- ▶ Súm. nº 284 do STJ.

§ 1º VETADO.

§ 2º Nos contratos do sistema de consórcio de produtos duráveis, a compensação ou a restituição das parcelas quitadas, na forma deste artigo, terá descontada, além da vantagem econômica auferida com a fruição, os prejuízos que o desistente ou inadimplente causar ao grupo.

- ▶ Art. 54, § 2º, deste Código.
- ▶ Lei nº 11.795, de 8-10-2008 (Lei do Sistema de Consórcios).
- ▶ Súm. nº 35 do STJ.

§ 3º Os contratos de que trata o *caput* deste artigo serão expressos em moeda corrente nacional.

- ▶ Art. 1º da Lei nº 10.192, de 14-2-2001, que dispõe sobre medidas complementares ao Plano Real.

SEÇÃO III

DOS CONTRATOS DE ADESÃO

Art. 54. Contrato de adesão é aquele cujas cláusulas tenham sido aprovadas pela autoridade competente ou estabelecidas unilateralmente pelo fornecedor de produtos ou serviços, sem que o consumidor possa discutir ou modificar substancialmente seu conteúdo.

- ▶ Arts. 423 e 424 do CC.
- ▶ Art. 22, XXII, do Dec. nº 2.181, de 20-3-1997, que dispõe sobre a organização do Sistema Nacional de Defesa do Consumidor – SNDC, e estabelece normas gerais

de aplicação das sanções administrativas previstas nesta Lei.

§ 1º A inserção de cláusula no formulário não desfigura a natureza de adesão do contrato.

§ 2º Nos contratos de adesão admite-se cláusula resolutória, desde que alternativa, cabendo a escolha ao consumidor, ressalvando-se o disposto no § 2º do artigo anterior.

- Lei nº 11.795, de 8-10-2008 (Lei do Sistema de Consórcios).

§ 3º Os contratos de adesão escritos serão redigidos em termos claros e com caracteres ostensivos e legíveis, cujo tamanho da fonte não será inferior ao corpo doze, de modo a facilitar sua compreensão pelo consumidor.

- § 3º com a redação dada pela Lei nº 11.785, de 22-9-2008.
- Art. 46 deste Código.

§ 4º As cláusulas que implicarem limitação de direito do consumidor deverão ser redigidas com destaque, permitindo sua imediata e fácil compreensão.

§ 5º VETADO.

CAPÍTULO VI-A

DA PREVENÇÃO E DO TRATAMENTO DO SUPERENDIVIDAMENTO

- Capítulo VI-A acrescido pela Lei nº 14.181, de 1º-7-2021.

Art. 54-A. Este Capítulo tem a finalidade de prevenir o superendividamento da pessoa natural e de dispor sobre o crédito responsável e sobre a educação financeira do consumidor.

§ 1º Entende-se por superendividamento a impossibilidade manifesta de o consumidor pessoa natural, de boa-fé, pagar a totalidade de suas dívidas de consumo, exigíveis e vincendas, sem comprometer seu mínimo existencial, nos termos da regulamentação.

§ 2º As dívidas de que trata o § 1º deste artigo englobam quaisquer compromissos financeiros assumidos decorrentes de relação de consumo, inclusive operações de crédito, compras a prazo e serviços de prestação continuada.

§ 3º O disposto neste Capítulo não se aplica ao consumidor cujas dívidas tenham sido contraídas mediante fraude ou má-fé, sejam oriundas de contratos celebrados dolosamente com o propósito de não realizar o pagamento ou decorram da aquisição ou contratação de bens e serviços de luxo de alto valor.

Art. 54-B. No fornecimento de crédito e na venda a prazo, além das informações obrigatórias previstas no art. 52 deste Código e na legislação aplicável à matéria, o fornecedor ou o intermediário deverá informar o consumidor, prévia e adequadamente, no momento da oferta, sobre:

I – o custo efetivo total e a descrição dos elementos que o compõem;

II – a taxa efetiva mensal de juros, bem como a taxa dos juros de mora e o total de encargos, de qualquer natureza, previstos para o atraso no pagamento;

III – o montante das prestações e o prazo de validade da oferta, que deve ser, no mínimo, de 2 (dois) dias;
IV – o nome e o endereço, inclusive o eletrônico, do fornecedor;
V – o direito do consumidor à liquidação antecipada e não onerosa do débito, nos termos do § 2º do art. 52 deste Código e da regulamentação em vigor.

§ 1º As informações referidas no art. 52 deste Código e no *caput* deste artigo devem constar de forma clara e resumida do próprio contrato, da fatura ou de instrumento apartado, de fácil acesso ao consumidor.

§ 2º Para efeitos deste Código, o custo efetivo total da operação de crédito ao consumidor consistirá em taxa percentual anual e compreenderá todos os valores cobrados do consumidor, sem prejuízo do cálculo padronizado pela autoridade reguladora do sistema financeiro.

§ 3º Sem prejuízo do disposto no art. 37 deste Código, a oferta de crédito ao consumidor e a oferta de venda a prazo, ou a fatura mensal, conforme o caso, devem indicar, no mínimo, o custo efetivo total, o agente financiador e a soma total a pagar, com e sem financiamento.

Art. 54-C. É vedado, expressa ou implicitamente, na oferta de crédito ao consumidor, publicitária ou não:

I – VETADO. Lei nº 14.181, de 1º-7-2021;
II – indicar que a operação de crédito poderá ser concluída sem consulta a serviços de proteção ao crédito ou sem avaliação da situação financeira do consumidor;
III – ocultar ou dificultar a compreensão sobre os ônus e os riscos da contratação do crédito ou da venda a prazo;
IV – assediar ou pressionar o consumidor para contratar o fornecimento de produto, serviço ou crédito, principalmente se se tratar de consumidor idoso, analfabeto, doente ou em estado de vulnerabilidade agravada ou se a contratação envolver prêmio;
V – condicionar o atendimento de pretensões do consumidor ou o início de tratativas à renúncia ou à desistência de demandas judiciais, ao pagamento de honorários advocatícios ou a depósitos judiciais.

Parágrafo único. VETADO. Lei nº 14.181, de 1º-7-2021.

Art. 54-D. Na oferta de crédito, previamente à contratação, o fornecedor ou o intermediário deve, entre outras condutas:

I – informar e esclarecer adequadamente o consumidor, considerada sua idade, sobre a natureza e a modalidade do crédito oferecido, sobre todos os custos incidentes, observado o disposto nos arts. 52 e 54-B deste Código, e sobre as consequências genéricas e específicas do inadimplemento;
II – avaliar, de forma responsável, as condições de crédito do consumidor, mediante análise das informações disponíveis em bancos de dados de proteção ao cré-

dito, observado o disposto neste Código e na legislação sobre proteção de dados;

III – informar a identidade do agente financiador e entregar ao consumidor, ao garante e a outros coobrigados cópia do contrato de crédito.

Parágrafo único. O descumprimento de qualquer dos deveres previstos no *caput* deste artigo e nos arts. 52 e 54-C deste Código poderá acarretar judicialmente a redução dos juros, dos encargos ou de qualquer acréscimo ao principal e a dilação do prazo de pagamento previsto no contrato original, conforme a gravidade da conduta do fornecedor e as possibilidades financeiras do consumidor, sem prejuízo de outras sanções e de indenização por perdas e danos, patrimoniais e morais, ao consumidor.

Art. 54-E. VETADO. Lei nº 14.181, de 1º-7-2021.

Art. 54-F. São conexos, coligados ou interdependentes, entre outros, o contrato principal de fornecimento de produto ou serviço e os contratos acessórios de crédito que lhe garantam o financiamento, quando o fornecedor de crédito:

I – recorrer aos serviços do fornecedor de produto ou serviço para a preparação ou a conclusão do contrato de crédito;

II – oferecer o crédito no local da atividade empresarial do fornecedor de produto ou serviço financiado ou onde o contrato principal for celebrado.

§ 1º O exercício do direito de arrependimento nas hipóteses previstas neste Código, no contrato principal ou no contrato de crédito, implica a resolução de pleno direito do contrato que lhe seja conexo.

§ 2º Nos casos dos incisos I e II do *caput* deste artigo, se houver inexecução de qualquer das obrigações e deveres do fornecedor de produto ou serviço, o consumidor poderá requerer a rescisão do contrato não cumprido contra o fornecedor do crédito.

§ 3º O direito previsto no § 2º deste artigo caberá igualmente ao consumidor:

I – contra o portador de cheque pós-datado emitido para aquisição de produto ou serviço a prazo;

II – contra o administrador ou o emitente de cartão de crédito ou similar quando o cartão de crédito ou similar e o produto ou serviço forem fornecidos pelo mesmo fornecedor ou por entidades pertencentes a um mesmo grupo econômico.

§ 4º A invalidade ou a ineficácia do contrato principal implicará, de pleno direito, a do contrato de crédito que lhe seja conexo, nos termos do *caput* deste artigo, ressalvado ao fornecedor do crédito o direito de obter do fornecedor do produto ou serviço a devolução dos valores entregues, inclusive relativamente a tributos.

Art. 54-G. Sem prejuízo do disposto no art. 39 deste Código e na legislação aplicável à matéria, é vedado ao fornecedor de produto ou serviço que envolva crédito, entre outras condutas:

I – realizar ou proceder à cobrança ou ao débito em conta de qualquer quantia que houver sido contestada pelo consumidor em compra realizada com cartão de crédito ou similar, enquanto não for adequadamente solucionada a controvérsia, desde que o consumidor haja notificado a administradora do cartão com antecedência de pelo menos 10 (dez) dias contados da data de vencimento da fatura, vedada a manutenção do valor na fatura seguinte e assegurado ao consumidor o direito de deduzir do total da fatura o valor em disputa e efetuar o pagamento da parte não contestada, podendo o emissor lançar como crédito em confiança o valor idêntico ao da transação contestada que tenha sido cobrada, enquanto não encerrada a apuração da contestação;

II – recusar ou não entregar ao consumidor, ao garante e aos outros coobrigados cópia da minuta do contrato principal de consumo ou do contrato de crédito, em papel ou outro suporte duradouro, disponível e acessível, e, após a conclusão, cópia do contrato;

III – impedir ou dificultar, em caso de utilização fraudulenta do cartão de crédito ou similar, que o consumidor peça e obtenha, quando aplicável, a anulação ou o imediato bloqueio do pagamento, ou ainda a restituição dos valores indevidamente recebidos.

§ 1º Sem prejuízo do dever de informação e esclarecimento do consumidor e de entrega da minuta do contrato, no empréstimo cuja liquidação seja feita mediante consignação em folha de pagamento, a formalização e a entrega da cópia do contrato ou do instrumento de contratação ocorrerão após o fornecedor do crédito obter da fonte pagadora a indicação sobre a existência de margem consignável.

§ 2º Nos contratos de adesão, deve o fornecedor, previamente, prestar ao consumidor as informações de que tratam o art. 52 e o *caput* do art. 54-B deste Código, além de outras porventura determinadas na legislação em vigor, e fica obrigado a entregar ao consumidor cópia do contrato, após a sua conclusão.

► Arts. 54-A a 54-G acrescidos pela Lei nº 14.181, de 1º-7-2021.

CAPÍTULO VII

DAS SANÇÕES ADMINISTRATIVAS

► Dec. nº 2.181, de 20-3-1997, dispõe sobre a organização do Sistema Nacional de Defesa do Consumidor – SNDC, e estabelece normas gerais de aplicação das sanções administrativas previstas nesta Lei.

Art. 55. A União, os Estados e o Distrito Federal, em caráter concorrente e nas suas respectivas áreas de atuação administrativa, baixarão normas relativas à produção, industrialização, distribuição e consumo de produtos e serviços.

§ 1º A União, os Estados, o Distrito Federal e os Municípios fiscalizarão e controlarão a produção, industrialização, distribuição, a publicidade de produtos e serviços e o mercado de consumo, no interesse da preservação da vida, da saúde, da segurança, da informação e do bem-estar do consumidor, baixando as normas que se fizerem necessárias.

§ 2º VETADO.

§ 3º Os órgãos federais, estaduais, do Distrito Federal e municipais com atribuições para fiscalizar e controlar o mercado de consumo manterão comissões permanentes para elaboração, revisão e atualização das normas referidas no § 1º, sendo obrigatória a participação dos consumidores e fornecedores.

§ 4º Os órgãos oficiais poderão expedir notificações aos fornecedores para que, sob pena de desobediência, prestem informações sobre questões de interesse do consumidor, resguardado o segredo industrial.

- Art. 33, § 1º, do Dec. nº 2.181, de 20-3-1997, que dispõe sobre a organização do Sistema Nacional de Defesa do Consumidor – SNDC, e estabelece normas gerais de aplicação das sanções administrativas previstas nesta Lei.

Art. 56. As infrações das normas de defesa do consumidor ficam sujeitas, conforme o caso, às seguintes sanções administrativas, sem prejuízo das de natureza civil, penal e das definidas em normas específicas:

I – multa;

II – apreensão do produto;

III – inutilização do produto;

IV – cassação do registro do produto junto ao órgão competente;

V – proibição de fabricação do produto;

VI – suspensão de fornecimento de produtos ou serviço;

VII – suspensão temporária de atividade;

VIII – revogação de concessão ou permissão de uso;

IX – cassação de licença do estabelecimento ou de atividade;

X – interdição, total ou parcial, de estabelecimento, de obra ou de atividade;

XI – intervenção administrativa;

XII – imposição de contrapropaganda.

- Arts. 18 e 21 do Dec. nº 2.181, de 20-3-1997, que dispõe sobre a organização do Sistema Nacional de Defesa do Consumidor – SNDC, e estabelece normas gerais de aplicação das sanções administrativas previstas nesta Lei.

Parágrafo único. As sanções previstas neste artigo serão aplicadas pela autoridade administrativa, no âmbito de sua atribuição, podendo ser aplicadas cumulativamente, inclusive por medida cautelar antecedente ou incidente de procedimento administrativo.

Art. 57. A pena de multa, graduada de acordo com a gravidade da infração, a vantagem auferida e a condição econômica do fornecedor, será aplicada mediante procedimento administrativo, revertendo para o Fundo de que trata a Lei nº 7.347, de 24 de julho de 1985, os valores cabíveis à União, ou para os fundos estaduais ou municipais de proteção ao consumidor nos demais casos.

- *Caput* com a redação dada pela Lei nº 8.656, de 21-5-1993.
- Arts. 28 e 29 do Dec. nº 2.181, de 20-3-1997, que dispõe sobre a organização do Sistema Nacional de Defesa do Consumidor – SNDC, e estabelece normas gerais

de aplicação das sanções administrativas previstas nesta Lei.

Parágrafo único. A multa será em montante nunca inferior a duzentas e não superior a três milhões de vezes o valor da Unidade Fiscal de Referência (UFIR), ou índice equivalente que venha substituí-lo.

- ▸ Parágrafo único acrescido pela Lei nº 8.703, de 6-9-1993.
- ▸ Art. 29, § 3º, da Lei nº 10.522, de 19-7-2002, que dispõe sobre o Cadastro Informativo dos créditos não quitados de órgãos e entidades federais, extinguiu a UFIR.
- ▸ Art. 2º, III, do Dec. nº 1.306, de 9-11-1994, que regulamenta o Fundo de Defesa de Direitos Difusos.

Art. 58. As penas de apreensão, de inutilização de produtos, de proibição de fabricação de produtos, de suspensão do fornecimento de produto ou serviço, de cassação do registro do produto e revogação da concessão ou permissão de uso serão aplicadas pela administração, mediante procedimento administrativo, assegurada ampla defesa, quando forem constatados vícios de quantidade ou de qualidade por inadequação ou insegurança do produto ou serviço.

Art. 59. As penas de cassação de alvará de licença, de interdição e de suspensão temporária da atividade, bem como a de intervenção administrativa serão aplicadas mediante procedimento administrativo, assegurada ampla defesa, quando o fornecedor reincidir na prática das infrações de maior gravidade previstas neste Código e na legislação de consumo.

§ 1º A pena de cassação da concessão será aplicada à concessionária de serviço público, quando violar obrigação legal ou contratual.

§ 2º A pena de intervenção administrativa será aplicada sempre que as circunstâncias de fato desaconselharem a cassação de licença, a interdição ou suspensão da atividade.

§ 3º Pendendo ação judicial na qual se discuta a imposição de penalidade administrativa, não haverá reincidência até o trânsito em julgado da sentença.

Art. 60. A imposição de contrapropaganda será cominada quando o fornecedor incorrer na prática de publicidade enganosa ou abusiva, nos termos do artigo 36 e seus parágrafos, sempre às expensas do infrator.

- ▸ A referência deste dispositivo ao art. 36 deve ser entendida como feita ao art. 37 e seus parágrafos, que tratam exatamente da publicidade enganosa, da publicidade abusiva e da publicidade enganosa por omissão, enquanto o art. 36 e seu parágrafo único tratam, respectivamente, da veiculação da publicidade e da disponibilidade dos dados que sustentam a mensagem publicitária.

§ 1º A contrapropaganda será divulgada pelo responsável da mesma forma, frequência e dimensão e, preferencialmente no mesmo veículo, local, espaço e horário, de forma capaz de desfazer o malefício da publicidade enganosa ou abusiva.

- ▸ Art. 47 do Dec. nº 2.181, de 20-3-1997, que dispõe sobre a organização do Sistema Nacional de Defesa do Consumidor

– SNDC, e estabelece normas gerais de aplicação das sanções administrativas previstas nesta Lei.

§§ 2º e 3º VETADOS.

TÍTULO II

DAS INFRAÇÕES PENAIS

Art. 61. Constituem crimes contra as relações de consumo previstas neste Código, sem prejuízo do disposto no Código Penal e leis especiais, as condutas tipificadas nos artigos seguintes.

- Art. 7º da Lei nº 8.137, de 27-12-1990 (Lei dos Crimes Contra a Ordem Tributária, Econômica e Contra as Relações de Consumo).

Art. 62. VETADO.

Art. 63. Omitir dizeres ou sinais ostensivos sobre a nocividade ou periculosidade de produtos, nas embalagens, nos invólucros, recipientes ou publicidade:

Pena – Detenção de seis meses a dois anos e multa.

- Art. 9º deste Código.

§ 1º Incorrerá nas mesmas penas quem deixar de alertar, mediante recomendações escritas ostensivas, sobre a periculosidade do serviço a ser prestado.

§ 2º Se o crime é culposo:

Pena – Detenção de um a seis meses ou multa.

Art. 64. Deixar de comunicar à autoridade competente e aos consumidores a nocividade ou periculosidade de produtos cujo conhecimento seja posterior à sua colocação no mercado:

Pena – Detenção de seis meses a dois anos e multa.

- Art. 10, § 1º, deste Código.
- Art. 13, II e III, do Dec. nº 2.181, de 20-3-1997, que dispõe sobre a organização do Sistema Nacional de Defesa do Consumidor – SNDC, e estabelece normas gerais de aplicação das sanções administrativas previstas nesta Lei.

Parágrafo único. Incorrerá nas mesmas penas quem deixar de retirar do mercado, imediatamente quando determinado pela autoridade competente, os produtos nocivos ou perigosos, na forma deste artigo.

Art. 65. Executar serviço de alto grau de periculosidade, contrariando determinação de autoridade competente:

Pena – Detenção de seis meses a dois anos e multa.

- Art. 10 deste Código.

§ 1º As penas deste artigo são aplicáveis sem prejuízo das correspondentes à lesão corporal e à morte.

- Parágrafo único transformado em § 1º pela Lei nº 13.421, de 30-3-2017.

§ 2º A prática do disposto no inciso XIV do art. 39 desta Lei também caracteriza o crime previsto no *caput* deste artigo.

- § 2º acrescido pela Lei nº 13.425, de 30-3-2017.

Art. 66. Fazer afirmação falsa ou enganosa, ou omitir informação relevante sobre a natureza, característica, qualidade, quantidade, segurança, desempenho, durabilidade, preço ou garantia de produtos ou serviços:

Pena – Detenção de três meses a um ano e multa.

- ▸ Arts. 31, 37 e 52 deste Código.
- ▸ Art. 13, I, do Dec. nº 2.181, de 20-3-1997, que dispõe sobre a organização do Sistema Nacional de Defesa do Consumidor – SNDC, e estabelece normas gerais de aplicação das sanções administrativas previstas nesta Lei.

§ 1º Incorrerá nas mesmas penas quem patrocinar a oferta.

§ 2º Se o crime é culposo:

Pena – Detenção de um a seis meses ou multa.

Art. 67. Fazer ou promover publicidade que sabe ou deveria saber ser enganosa ou abusiva:

Pena – Detenção de três meses a um ano e multa.

- ▸ Arts. 6º, IV, e 37 deste Código.
- ▸ Arts. 14 e 19 do Dec. nº 2.181, de 20-3-1997, que dispõe sobre a organização do Sistema Nacional de Defesa do Consumidor – SNDC, e estabelece normas gerais de aplicação das sanções administrativas previstas nesta Lei.

Parágrafo único. VETADO.

Art. 68. Fazer ou promover publicidade que sabe ou deveria saber ser capaz de induzir o consumidor a se comportar de forma prejudicial ou perigosa a sua saúde ou segurança:

Pena – Detenção de seis meses a dois anos e multa.

- ▸ Art. 37, § 2º, deste Código.
- ▸ Arts. 14 e 19 do Dec. nº 2.181, de 20-3-1997, que dispõe sobre a organização do Sistema Nacional de Defesa do Consumidor – SNDC, e estabelece normas gerais de aplicação das sanções administrativas previstas nesta Lei.

Parágrafo único. VETADO.

Art. 69. Deixar de organizar dados fáticos, técnicos e científicos que dão base à publicidade:

Pena – Detenção de um a seis meses ou multa.

- ▸ Arts. 36, parágrafo único, e 38 deste Código.

Art. 70. Empregar, na reparação de produtos, peças ou componentes de reposição usados, sem autorização do consumidor:

Pena – Detenção de três meses a um ano e multa.

- ▸ Arts. 21 e 32 deste Código.

Art. 71. Utilizar, na cobrança de dívidas, de ameaça, coação, constrangimento físico ou moral, afirmações falsas, incorretas ou enganosas ou de qualquer outro procedimento que exponha o consumidor, injustificadamente, a ridículo ou interfira com seu trabalho, descanso ou lazer:

- ▸ Arts. 146 e 147 do CP.

Pena – Detenção de três meses a um ano e multa.

- ▸ Art. 42 deste Código.

Art. 72. Impedir ou dificultar o acesso do consumidor às informações que sobre ele constem em cadastros, banco de dados, fichas e registros:

Pena – Detenção de seis meses a um ano ou multa.

► Art. 43 deste Código.
► Lei nº 12.414, de 9-6-2011 (Lei do Cadastro Positivo).

Art. 73. Deixar de corrigir imediatamente informação sobre consumidor constante de cadastro, banco de dados, fichas ou registros que sabe ou deveria saber ser inexata:

Pena – Detenção de um a seis meses ou multa.

► Súm. nº 548 do STJ.

Art. 74. Deixar de entregar ao consumidor o termo de garantia adequadamente preenchido e com especificação clara de seu conteúdo:

Pena – Detenção de um a seis meses ou multa.

► Arts. 24 e 50 deste Código.

Art. 75. Quem, de qualquer forma, concorrer para os crimes referidos neste Código incide nas penas a esses cominadas na medida de sua culpabilidade, bem como o diretor, administrador ou gerente da pessoa jurídica que promover, permitir ou por qualquer modo aprovar o fornecimento, oferta, exposição à venda ou manutenção em depósito de produtos ou a oferta e prestação de serviços nas condições por ele proibidas.

► Art. 29 do CP.

Art. 76. São circunstâncias agravantes dos crimes tipificados neste Código:

► Art. 61 do CP.

I – serem cometidos em época de grave crise econômica ou por ocasião de calamidade;

II – ocasionarem grave dano individual ou coletivo;

III – dissimular-se a natureza ilícita do procedimento;

IV – quando cometidos:

a) por servidor público, ou por pessoa cuja condição econômico-social seja manifestamente superior à da vítima;

b) em detrimento de operário ou rurícola; de menor de dezoito ou maior de sessenta anos ou de pessoas portadoras de deficiência mental, interditadas ou não;

V – serem praticados em operações que envolvam alimentos, medicamentos ou quaisquer outros produtos ou serviços essenciais.

Art. 77. A pena pecuniária prevista nesta Seção será fixada em dias-multa, correspondente ao mínimo e ao máximo de dias de duração da pena privativa da liberdade cominada ao crime. Na individualização desta multa, o juiz observará o disposto no artigo 60, § 1º, do Código Penal.

Art. 78. Além das penas privativas de liberdade e de multa, podem ser impostas, cumulativa ou alternadamente, observado o disposto nos artigos 44 a 47, do Código Penal:

I – a interdição temporária de direitos;

II – a publicação em órgãos de comunicação de grande circulação ou audiência, às expensas do condenado, de notícia sobre os fatos e a condenação;

III – a prestação de serviços à comunidade.

Art. 79. O valor da fiança, nas infrações de que trata este Código, será fixado pelo juiz, ou pela autoridade que presidir o inquérito, entre cem e duzentas mil vezes o valor do Bônus do Tesouro Nacional – BTN, ou índice equivalente que venha substituí-lo.

Parágrafo único. Se assim recomendar a situação econômica do indiciado ou réu, a fiança poderá ser:

a) reduzida até a metade de seu valor mínimo;

b) aumentada pelo juiz até vinte vezes.

Art. 80. No processo penal atinente aos crimes previstos neste Código, bem como a outros crimes e contravenções que envolvam relações de consumo, poderão intervir, como assistentes do Ministério Público, os legitimados indicados no artigo 82, incisos III e IV, aos quais também é facultado propor ação penal subsidiária, se a denúncia não for oferecida no prazo legal.

► Art. 5º, LIX, da CF.

TÍTULO III

DA DEFESA DO CONSUMIDOR EM JUÍZO

CAPÍTULO I

DISPOSIÇÕES GERAIS

► Art. 22, II, do CPC/2015.
► Lei nº 7.347, de 24-7-1985 (Lei da Ação Civil Pública).

Art. 81. A defesa dos interesses e direitos dos consumidores e das vítimas poderá ser exercida em juízo individualmente, ou a título coletivo.

Parágrafo único. A defesa coletiva será exercida quando se tratar de:

I – interesses ou direitos difusos, assim entendidos, para efeitos deste Código, os transindividuais, de natureza indivisível, de que sejam titulares pessoas indeterminadas e ligadas por circunstâncias de fato;

► Arts. 103, I, § 1º, e 104 deste Código.

II – interesses ou direitos coletivos, assim entendidos, para efeitos deste Código, os transindividuais de natureza indivisível de que seja titular grupo, categoria ou classe de pessoas ligadas entre si ou com a parte contrária por uma relação jurídica base;

► Arts. 103, II, § 1º, e 104 deste Código.

III – interesses ou direitos individuais homogêneos, assim entendidos os decorrentes de origem comum.

► Art. 103, III, e § 2º, deste Código.

Art. 82. Para os fins do artigo 81, parágrafo único, são legitimados concorrentemente:

► *Caput* com a redação dada pela Lei nº 9.008, de 21-3-1995.
► Art. 139, X, do CPC/2015.
► Arts. 91 e 98 deste Código.

I – o Ministério Público;

► Art. 129, III, da CF.
► Arts. 51, § 4º, 80 e 92 deste Código.
► Art. 177 do CPC/2015.

► Arts. 3º, VI, e 56, § 3º, do Dec. nº 2.181, de 20-3-1997, que dispõe sobre a organização do Sistema Nacional de Defesa do Consumidor – SNDC, e estabelece normas gerais de aplicação das sanções administrativas previstas nesta Lei.

II – a União, os Estados, os Municípios e o Distrito Federal;

III – as entidades e órgãos da administração pública, direta ou indireta, ainda que sem personalidade jurídica, especificamente destinados à defesa dos interesses e direitos protegidos por este Código;

► Art. 80 deste Código.

IV – as associações legalmente constituídas há pelo menos um ano e que incluam entre seus fins institucionais a defesa dos interesses e direitos protegidos por este Código, dispensada a autorização assemblear.

► Art. 5º, XXI e LXX, da CF.
► Art. 80 deste Código.
► Arts. 45 e 53 do CC.
► Art. 5º da Lei nº 7.347, de 24-7-1985 (Lei da Ação Civil Pública).
► Art. 7º da Lei nº 9.870, de 23-11-1999, que dispõe sobre o valor total das anuidades escolares.
► Art. 8º do Dec. nº 2.181, de 20-3-1997, que dispõe sobre a organização do Sistema Nacional de Defesa do Consumidor – SNDC, e estabelece normas gerais de aplicação das sanções administrativas previstas nesta Lei.

§ 1º O requisito da pré-constituição pode ser dispensado pelo juiz, nas ações previstas no artigo 91 e seguintes, quando haja manifesto interesse social evidenciado pela dimensão ou característica do dano, ou pela relevância do bem jurídico a ser protegido.

§§ 2º e 3º VETADOS.

Art. 83. Para a defesa dos direitos e interesses protegidos por este Código são admissíveis todas as espécies de ações capazes de propiciar sua adequada e efetiva tutela.

Parágrafo único. VETADO.

Art. 84. Na ação que tenha por objeto o cumprimento da obrigação de fazer ou não fazer, o juiz concederá a tutela específica da obrigação ou determinará providências que assegurem o resultado prático equivalente ao do adimplemento.

► Arts. 35, I, e 48 deste Código.
► Arts. 497, 499, 500, 536, § 1º e 537, *caput*, e § 1º, do CPC/2015.

§ 1º A conversão da obrigação em perdas e danos somente será admissível se por elas optar o autor ou se impossível a tutela específica ou a obtenção do resultado prático correspondente.

§ 2º A indenização por perdas e danos se fará sem prejuízo da multa (artigo 287 do Código de Processo Civil).

► Refere-se ao CPC/1973.

§ 3º Sendo relevante o fundamento da demanda e havendo justificado receio de ineficácia do provimento final, é lícito ao juiz conceder a tutela liminarmente ou após justificação prévia, citado o réu.

► Arts. 303 e 305 do CPC/2015.

§ 4º O juiz poderá, na hipótese do § 3º ou na sentença, impor multa diária ao réu, independentemente de pedido do autor, se for suficiente ou compatível com a obrigação, fixando prazo razoável para o cumprimento do preceito.

► Art. 537 do CPC/2015.

§ 5º Para a tutela específica ou para a obtenção do resultado prático equivalente, poderá o juiz determinar as medidas necessárias, tais como busca e apreensão, remoção de coisas e pessoas, desfazimento de obra, impedimento de atividade nociva, além de requisição de força policial.

Arts. 85 e 86. VETADOS.

Art. 87. Nas ações coletivas de que trata este Código não haverá adiantamento de custas, emolumentos, honorários periciais e quaisquer outras despesas, nem condenação da associação autora, salvo comprovada má-fé, em honorários de advogados, custas e despesas processuais.

► Art. 18 da Lei nº 7.347, de 24-7-1985 (Lei da Ação Civil Pública).

Parágrafo único. Em caso de litigância de má-fé, a associação autora e os diretores responsáveis pela propositura da ação serão solidariamente condenados em honorários advocatícios e ao décuplo das custas, sem prejuízo da responsabilidade por perdas e danos.

► Arts. 402 a 405 do CC.
► Arts. 79 a 81, 82, § 2º, 84 e 85 do CPC/2015.

Art. 88. Na hipótese do artigo 13, parágrafo único deste Código, a ação de regresso poderá ser ajuizada em processo autônomo, facultada a possibilidade de prosseguir-se nos mesmos autos, vedada a denunciação da lide.

► Arts. 125 a 128, e 131, parágrafo único, do CPC/2015.

Art. 89. VETADO.

Art. 90. Aplicam-se às ações previstas neste Título as normas do Código de Processo Civil e da Lei nº 7.347, de 24 de julho de 1985, inclusive no que respeita ao inquérito civil, naquilo que não contrariar suas disposições.

► Art. 26, § 2º, III, deste Código.
► Art. 1.046, § 4º, do CPC/2015.
► Arts. 8º, § 1º, e 9º da Lei nº 7.347, de 24-7-1985 (Lei da Ação Civil Pública).

CAPÍTULO II
DAS AÇÕES COLETIVAS PARA A DEFESA DE INTERESSES INDIVIDUAIS HOMOGÊNEOS

Art. 91. Os legitimados de que trata o artigo 82 poderão propor, em nome próprio e no interesse das vítimas ou seus sucessores, ação civil coletiva de responsabilidade pelos danos individualmente sofridos, de acordo com o disposto nos artigos seguintes.

► Artigo com a redação dada pela Lei nº 9.008, de 21-3-1995.
► Art. 82, § 1º, deste Código.
► Art. 18 do CPC/2015.

Art. 92. O Ministério Público, se não ajuizar a ação, atuará sempre como fiscal da lei.

► Art. 82, I, deste Código.
► Art. 178, III, do CPC/2015.

Parágrafo único. VETADO.

Art. 93. Ressalvada a competência da justiça federal, é competente para a causa a justiça local:

- Art. 109, I, e § 2º, da CF.
- Art. 51 do CPC/2015.

I – no foro do lugar onde ocorreu ou deva ocorrer o dano, quando de âmbito local;

- Art. 53, IV, *a*, do CPC/2015.

II – no foro da Capital do Estado ou no do Distrito Federal, para os danos de âmbito nacional ou regional, aplicando-se as regras do Código de Processo Civil aos casos de competência concorrente.

- Arts. 57 e 58 do CPC/2015.
- Art. 2º da Lei nº 7.347, de 24-7-1985 (Lei da Ação Civil Pública).

Art. 94. Proposta a ação, será publicado edital no órgão oficial, a fim de que os interessados possam intervir no processo como litisconsortes, sem prejuízo de ampla divulgação pelos meios de comunicação social por parte dos órgãos de defesa do consumidor.

- Arts. 113 a 118 do CPC/2015.
- Art. 5º, § 2º, da Lei nº 7.347, de 24-7-1985 (Lei da Ação Civil Pública).

Art. 95. Em caso de procedência do pedido, a condenação será genérica, fixando a responsabilidade do réu pelos danos causados.

- Arts. 491, 509, 511 e 512 do CPC/2015.

Art. 96. VETADO.

Art. 97. A liquidação e a execução de sentença poderão ser promovidas pela vítima e seus sucessores, assim como pelos legitimados de que trata o artigo 82.

- Art. 103, § 3º, deste Código.
- Arts. 491, 509, I, II, §§ 2º e 4º, 510 a 513, 515, 516, 520 a 522, 524, VII, §§ 2º e 5º, 525, §§ 1º, 4º, 6º, 10 e 12, 527 e 533 do CPC/2015.

Parágrafo único. VETADO.

Art. 98. A execução poderá ser coletiva, sendo promovida pelos legitimados de que trata o artigo 82, abrangendo as vítimas cujas indenizações já tiverem sido fixadas em sentença de liquidação, sem prejuízo do ajuizamento de outras execuções.

- *Caput* com a redação dada pela Lei nº 9.008, de 21-3-1995.
- Art. 103, § 3º, deste Código.

§ 1º A execução coletiva far-se-á com base em certidão das sentenças de liquidação, da qual deverá constar a ocorrência ou não do trânsito em julgado.

§ 2º É competente para a execução o juízo:

I – da liquidação da sentença ou da ação condenatória, no caso de execução individual;

II – da ação condenatória, quando coletiva a execução.

Art. 99. Em caso de concurso de créditos decorrentes de condenação prevista na Lei nº 7.347, de 24 de julho de 1985, e de indenizações pelos prejuízos individuais resultantes do mesmo evento danoso, estas terão preferência no pagamento.

- ► Art. 103, § 3º, deste Código.
- ► Lei nº 7.347, de 24-7-1985 (Lei da Ação Civil Pública).

Parágrafo único. Para efeito do disposto neste artigo, a destinação da importância recolhida ao Fundo criado pela Lei nº 7.347, de 24 de julho de 1985, ficará sustada enquanto pendentes de decisão de segundo grau as ações de indenização pelos danos individuais, salvo na hipótese de o patrimônio do devedor ser manifestamente suficiente para responder pela integralidade das dívidas.

- ► Art. 13 da Lei nº 7.347, de 24-7-1985 (Lei da Ação Civil Pública), regulamentado pelo Dec. nº 1.306, de 9-11-1994.

Art. 100. Decorrido o prazo de um ano sem habilitação de interessados em número compatível com a gravidade do dano, poderão os legitimados do artigo 82 promover a liquidação e execução da indenização devida.

Parágrafo único. O produto da indenização devida reverterá para o Fundo criado pela Lei nº 7.347, de 24 de julho de 1985.

- ► Art. 13 da Lei nº 7.347, de 24-7-1985 (Lei da Ação Civil Pública), regulamentado pelo Dec. nº 1.306, de 9-11-1994.
- ► Art. 2º, III, do Dec. nº 1.306, de 9-11-1994, que regulamenta o Fundo de Defesa de Direitos Difusos.

CAPÍTULO III

DAS AÇÕES DE RESPONSABILIDADE DO FORNECEDOR DE PRODUTOS E SERVIÇOS

Art. 101. Na ação de responsabilidade civil do fornecedor de produtos e serviços, sem prejuízo do disposto nos Capítulos I e II deste Título, serão observadas as seguintes normas:

- ► Arts. 27 e 81 a 100 deste Código.

I – a ação pode ser proposta no domicílio do autor;

- ► Art. 22, II, do CPC/2015.

II – o réu que houver contratado seguro de responsabilidade poderá chamar ao processo o segurador, vedada a integração do contraditório pelo Instituto de Resseguros do Brasil. Nesta hipótese, a sentença que julgar procedente o pedido condenará o réu nos termos do artigo 80 do Código de Processo Civil. Se o réu houver sido declarado falido, o síndico será intimado a informar a existência de seguro de responsabilidade, facultando-se, em caso afirmativo, o ajuizamento de ação de indenização diretamente contra o segurador, vedada a denunciação da lide ao Instituto de Resseguros do Brasil e dispensado o litisconsórcio obrigatório com este.

- ► Refere-se ao CPC/1973.
- ► Arts. 130 a 132 do CPC/2015.
- ► Arts. 21 a 25 da Lei nº 11.101, de 9-2-2005 (Lei de Recuperação de Empresas e Falências).

Art. 102. Os legitimados a agir na forma deste Código poderão propor ação visando compelir o Poder Público competente a proibir, em todo o território nacional, a produção, divulgação, distribuição ou venda, ou a determinar alteração na composição, estrutura, fórmula ou acondicionamento de produto, cujo uso ou consumo regular se revele nocivo ou perigoso à saúde pública e à incolumidade pessoal.

► Art. 82 deste Código.

§§ 1º e 2º VETADOS.

CAPÍTULO IV

DA COISA JULGADA

Art. 103. Nas ações coletivas de que trata este Código, a sentença fará coisa julgada:

► Arts. 502 a 508 do CPC/2015.

I – *erga omnes*, exceto se o pedido for julgado improcedente por insuficiência de provas, hipótese em que qualquer legitimado poderá intentar outra ação, com idêntico fundamento, valendo-se de nova prova, na hipótese do inciso I do parágrafo único do artigo 81;

II – *ultra partes*, mas limitadamente ao grupo, categoria ou classe, salvo improcedência por insuficiência de provas, nos termos do inciso anterior, quando se tratar da hipótese prevista no inciso II do parágrafo único do artigo 81;

► Art. 104 deste Código.

III – *erga omnes*, apenas no caso de procedência do pedido, para beneficiar todas as vítimas e seus sucessores, na hipótese do inciso III do parágrafo único do artigo 81.

► Art. 104 deste Código.

§ 1º Os efeitos da coisa julgada previstos nos incisos I e II não prejudicarão interesses e direitos individuais dos integrantes da coletividade, do grupo, categoria ou classe.

§ 2º Na hipótese prevista no inciso III, em caso de improcedência do pedido, os interessados que não tiverem intervindo no processo como litisconsortes poderão propor ação de indenização a título individual.

§ 3º Os efeitos da coisa julgada de que cuida o artigo 16, combinado com o artigo 13 da Lei nº 7.347, de 24 de julho de 1985, não prejudicarão as ações de indenização por danos pessoalmente sofridos, propostas individualmente ou na forma prevista neste Código, mas, se procedente o pedido, beneficiarão as vítimas e seus sucessores, que poderão proceder à liquidação e à execução, nos termos dos artigos 96 a 99.

► O referido art. 96 foi vetado.

► Lei nº 7.347, de 24-7-1985 (Lei da Ação Civil Pública).

§ 4º Aplica-se o disposto no parágrafo anterior à sentença penal condenatória.

Art. 104. As ações coletivas, previstas nos incisos I e II do parágrafo único do artigo 81, não induzem litispendência para as ações individuais, mas os efeitos da coisa julgada *erga omnes* ou *ultra partes* a que aludem os incisos II e III do artigo anterior não beneficiarão os autores das ações individuais, se não for requerida sua suspensão no prazo de 30 (trinta) dias, a contar da ciência nos autos do ajuizamento da ação coletiva.

► Arts. 64 e 337 do CPC/2015.

CAPÍTULO V

DA CONCILIAÇÃO NO SUPERENDIVIDAMENTO

► Capítulo V acrescido pela Lei nº 14.181, de 1º-7-2021.

Art. 104-A. A requerimento do consumidor superendividado pessoa natural, o juiz poderá instaurar processo de repactuação de dívidas, com vistas à realização de audiência conciliatória, presidida por ele ou por conciliador credenciado no juízo, com a presença de todos os credores de dívidas previstas no art. 54-A deste Código, na qual o consumidor apresentará proposta de plano de pagamento com prazo máximo de 5 (cinco) anos, preservados o mínimo existencial, nos termos da regulamentação, e as garantias e as formas de pagamento originalmente pactuadas.

§ 1º Excluem-se do processo de repactuação as dívidas, ainda que decorrentes de relações de consumo, oriundas de contratos celebrados dolosamente sem o propósito de realizar pagamento, bem como as dívidas provenientes de contratos de crédito com garantia real, de financiamentos imobiliários e de crédito rural.

§ 2º O não comparecimento injustificado de qualquer credor, ou de seu procurador com poderes especiais e plenos para transigir, à audiência de conciliação de que trata o *caput* deste artigo acarretará a suspensão da exigibilidade do débito e a interrupção dos encargos da mora, bem como a sujeição compulsória ao plano de pagamento da dívida se o montante devido ao credor ausente for certo e conhecido pelo consumidor, devendo o pagamento a esse credor ser estipulado para ocorrer apenas após o pagamento aos credores presentes à audiência conciliatória.

§ 3º No caso de conciliação, com qualquer credor, a sentença judicial que homologar o acordo descreverá o plano de pagamento da dívida e terá eficácia de título executivo e força de coisa julgada.

§ 4º Constarão do plano de pagamento referido no § 3º deste artigo:

I – medidas de dilação dos prazos de pagamento e de redução dos encargos da dívida ou da remuneração do fornecedor, entre outras destinadas a facilitar o pagamento da dívida;

II – referência à suspensão ou à extinção das ações judiciais em curso;

III – data a partir da qual será providenciada a exclusão do consumidor de bancos de dados e de cadastros de inadimplentes;

IV – condicionamento de seus efeitos à abstenção, pelo consumidor, de condutas que importem no agravamento de sua situação de superendividamento.

§ 5º O pedido do consumidor a que se refere o *caput* deste artigo não importará em declaração de insolvência civil e poderá ser repetido somente após decorrido o prazo de 2 (dois) anos, contado da liquidação das obrigações previstas no plano de pagamento homologado, sem prejuízo de eventual repactuação.

Art. 104-B. Se não houver êxito na conciliação em relação a quaisquer credores, o juiz, a pedido do consumidor, instaurará processo por superendividamento para revisão e integração dos contratos e repactuação das dívidas remanescentes mediante plano judicial compulsório e procederá à citação de todos os credores cujos créditos não tenham integrado o acordo porventura celebrado.

§ 1º Serão considerados no processo por superendividamento, se for o caso, os documentos e as informações prestadas em audiência.

§ 2º No prazo de 15 (quinze) dias, os credores citados juntarão documentos e as razões da negativa de aceder ao plano voluntário ou de renegociar.

§ 3º O juiz poderá nomear administrador, desde que isso não onere as partes, o qual, no prazo de até 30 (trinta) dias, após cumpridas as diligências eventualmente necessárias, apresentará plano de pagamento que contemple medidas de temporização ou de atenuação dos encargos.

§ 4º O plano judicial compulsório assegurará aos credores, no mínimo, o valor do principal devido, corrigido monetariamente por índices oficiais de preço, e preverá a liquidação total da dívida, após a quitação do plano de pagamento consensual previsto no art. 104-A deste Código, em, no máximo, 5 (cinco) anos, sendo que a primeira parcela será devida no prazo máximo de 180 (cento e oitenta) dias, contado de sua homologação judicial, e o restante do saldo será devido em parcelas mensais iguais e sucessivas.

Art. 104-C. Compete concorrente e facultativamente aos órgãos públicos integrantes do Sistema Nacional de Defesa do Consumidor a fase conciliatória e preventiva do processo de repactuação de dívidas, nos moldes do art. 104-A deste Código, no que couber, com possibilidade de o processo ser regulado por convênios específicos celebrados entre os referidos órgãos e as instituições credoras ou suas associações.

§ 1º Em caso de conciliação administrativa para prevenir o superendividamento do consumidor pessoa natural, os órgãos públicos poderão promover, nas reclamações individuais, audiência global de conciliação com todos os credores e, em todos os casos, facilitar a elaboração de plano de pagamento, preservado o mínimo existencial, nos termos da regulamentação, sob a supervisão desses órgãos, sem prejuízo das demais atividades de reeducação financeira cabíveis.

§ 2º O acordo firmado perante os órgãos públicos de defesa do consumidor, em caso de superendividamento do consumidor pessoa natural, incluirá a data a partir da qual será providenciada a exclusão do consumidor de bancos de dados e de cadastros de inadimplentes, bem como o condicionamento de seus efeitos à abstenção, pelo consumidor, de condutas que importem no agravamento de sua situação de superendividamento, especialmente a de contrair novas dívidas.

- ▶ Arts. 104-A a 104-C acrescidos pela Lei nº 14.181, de 1º-7-2021.

TÍTULO IV

DO SISTEMA NACIONAL DE DEFESA DO CONSUMIDOR

Art. 105. Integram o Sistema Nacional de Defesa do Consumidor – SNDC os órgãos federais, estaduais, do Distrito Federal e municipais e as entidades privadas de defesa do consumidor.

- ▶ Art. 2º do Dec. nº 2.181, de 20-3-1997, que dispõe sobre a organização do Sistema Nacional de Defesa do Consumidor – SNDC, e estabelece normas gerais de aplicação das sanções administrativas previstas nesta Lei.

Art. 106. O Departamento Nacional de Defesa do Consumidor, da Secretaria Nacional de Direito Econômico-MJ, ou órgão federal que venha substituí-lo, é organismo de coordenação da política do Sistema Nacional de Defesa do Consumidor, cabendo-lhe:

- ▶ Art. 3º do Dec. nº 2.181, de 20-3-1997, que dispõe sobre a organização do Sistema Nacional de Defesa do Consumidor – SNDC, e estabelece normas gerais de aplicação das sanções administrativas previstas nesta Lei.

I – planejar, elaborar, propor, coordenar e executar a política nacional de proteção ao consumidor;

II – receber, analisar, avaliar e encaminhar consultas, denúncias ou sugestões apresentadas por entidades representativas ou pessoas jurídicas de direito público ou privado;

III – prestar aos consumidores orientação permanente sobre seus direitos e garantias;

IV – informar, conscientizar e motivar o consumidor através dos diferentes meios de comunicação;

V – solicitar à polícia judiciária a instauração de inquérito policial para a apreciação de delito contra os consumidores, nos termos da legislação vigente;

VI – representar ao Ministério Público competente para fins de adoção de medidas processuais no âmbito de suas atribuições;

VII – levar ao conhecimento dos órgãos competentes as infrações de ordem administrativa que violarem os interesses difusos, coletivos, ou individuais dos consumidores;

VIII – solicitar o concurso de órgãos e entidades da União, Estados, do Distrito Federal e Municípios, bem como auxiliar a fiscalização de preços, abastecimento, quantidade e segurança de bens e serviços;

IX – incentivar, inclusive com recursos financeiros e outros programas especiais, a formação de entidades de defesa do consumidor pela população e pelos órgãos públicos estaduais e municipais;

X a XII – VETADOS;

XIII – desenvolver outras atividades compatíveis com suas finalidades.

Parágrafo único. Para a consecução de seus objetivos, o Departamento Nacional de Defesa do Consumidor poderá solicitar o concurso de órgãos e entidades de notória especialização técnico-científica.

TÍTULO V

DA CONVENÇÃO COLETIVA DE CONSUMO

Art. 107. As entidades civis de consumidores e as associações de fornecedores ou sindicatos de categoria econômica podem regular, por convenção escrita, relações de consumo que tenham por objeto estabelecer condições relativas ao preço, à qualidade, à quantidade, à garantia e características de produtos e serviços, bem como à reclamação e composição do conflito de consumo.

§ 1º A convenção tornar-se-á obrigatória a partir do registro do instrumento no cartório de títulos e documentos.

§ 2º A convenção somente obrigará os filiados às entidades signatárias.

§ 3º Não se exime de cumprir a convenção o fornecedor que se desligar da entidade em data posterior ao registro do instrumento.

Art. 108. VETADO.

TÍTULO VI

DISPOSIÇÕES FINAIS

Art. 109. VETADO.

Art. 110. Acrescente-se o seguinte inciso IV ao artigo 1º da Lei nº 7.347, de 24 de julho de 1985:

"IV – a qualquer outro interesse difuso ou coletivo;"

Art. 111. O inciso II do artigo 5º da Lei nº 7.347, de 24 de julho de 1985, passa a ter a seguinte redação:

"II – inclua, entre suas finalidades institucionais, a proteção ao meio ambiente, ao consumidor, ao patrimônio artístico, estético, histórico, turístico e paisagístico, ou a qualquer outro interesse difuso ou coletivo".

Art. 112. O § 3º do artigo 5º da Lei nº 7.347, de 24 de julho de 1985, passa a ter a seguinte redação:

"§ 3º Em caso de desistência infundada ou abandono da ação por associação legitimada, o Ministério Público ou outro legitimado assumirá a titularidade ativa."

Art. 113. Acrescente-se os seguintes §§ 4º, 5º e 6º ao artigo 5º da Lei nº 7.347, de 24 de julho de 1985:

"§ 4º O requisito da pré-constituição poderá ser dispensado pelo juiz, quando haja manifesto interesse social evidenciado pela dimensão ou característica do dano, ou pela relevância do bem jurídico a ser protegido.

§ 5º Admitir-se-á o litisconsórcio facultativo entre os Ministérios Públicos da União, do Distrito Federal e dos Estados na defesa dos interesses e direitos de que cuida esta Lei.

§ 6º Os órgãos públicos legitimados poderão tomar dos interessados compromisso de ajustamento de sua conduta às exigências legais, mediante cominações, que terá eficácia de título executivo extrajudicial."

Art. 114. O artigo 15 da Lei nº 7.347, de 24 de julho de 1985, passa a ter a seguinte redação:

"Art. 15. Decorridos sessenta dias do trânsito em julgado da sentença condenatória, sem que a associação autora lhe promova a execução, deverá fazê-lo o Ministério Público, facultada igual iniciativa aos demais legitimados."

Art. 115. Suprima-se o *caput* do artigo 17 da Lei nº 7.347, de 24 de julho de 1985, passando o parágrafo único a constituir o *caput*, com a seguinte redação:

"Art. 17. Em caso de litigância de má-fé, a associação autora e os diretores responsáveis pela propositura da ação serão solidariamente condenados em honorários advocatícios e ao décuplo das custas, sem prejuízo da responsabilidade por perdas e danos."

► Artigo com a redação retificada no *DOU* de 10-1-2007.

Art. 116. Dê-se a seguinte redação ao artigo 18 da Lei nº 7.347, de 24 de julho de 1985:

"Art. 18. Nas ações de que trata esta Lei, não haverá adiantamento de custas, emolumentos, honorários periciais e quaisquer outras despesas, nem condenação da associação autora, salvo comprovada má-fé, em honorários de advogado, custas e despesas processuais."

Art. 117. Acrescente-se à Lei nº 7.347, de 24 de julho de 1985, o seguinte dispositivo, renumerando-se os seguintes:

"Art. 21. Aplicam-se à defesa dos direitos e interesses difusos, coletivos e individuais, no que for cabível, os dispositivos do Título III da Lei que instituiu o Código de Defesa do Consumidor."

Art. 118. Este Código entrará em vigor dentro de cento e oitenta dias a contar de sua publicação.

Art. 119. Revogam-se as disposições em contrário.

Brasília, 11 de setembro de 1990;
169º da Independência e
102º da República.

Fernando Collor

ÍNDICE ALFABÉTICO-REMISSIVO DO CÓDIGO DE DEFESA DO CONSUMIDOR

(LEI Nº 8.078, DE 11-9-1990)